AF367862

BONHEUR

DE

VIVRE A LA CAMPAGNE

ET DE

CULTIVER LES CHAMPS.

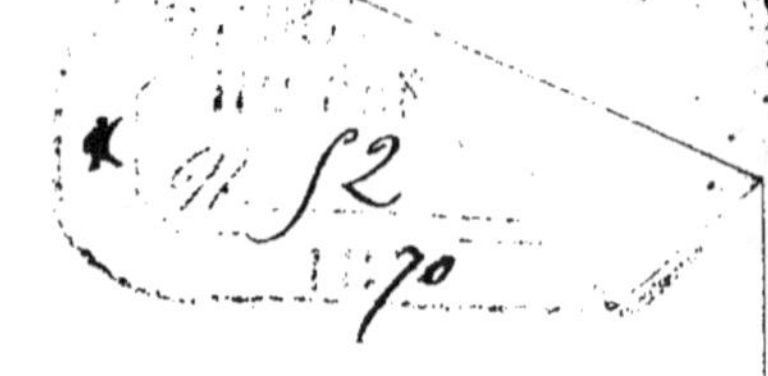

Toulouse, imprimerie A. CHAUVIN ET FILS, rue Mirepoix, 3.

BONHEUR

DE

VIVRE A LA CAMPAGNE

ET DE

CULTIVER LES CHAMPS

Ouvrage mis à la portée intellectuelle des jeunes gens
qui fréquentent nos cours d'adultes

PAR

CONSTANTIN DAUJAT.

———o0o⧟o0o———

CHEZ L'AUTEUR

A GIBEL

PAR NAILLOUX (HAUTE-GARONNE).

—

1870

A LA JEUNESSE AGRICOLE.

Chers jeunes gens,

Vous avez, dès vos premiers pas dans la vie, appris à suivre et à diriger la charrue qui féconde nos sillons. C'est là un grand privilége, car cette charrue est, dans vos mains, la clé qui ouvre au monde les trésors de la terre, et que Dieu vous a confiée par une faveur toute spéciale.

Si donc vous avez jamais la funeste pensée d'abandonner cette charrue pour aller un jour, loin d'elle, chercher le bonheur ignoré qu'elle vous procure, tâchez de rappeler à votre souvenir un proverbe trivial, que vous

avez mille fois répété, mille fois chansonné,
en disant à tout propos et sans réflexion :

Sommes-nous bien, tenons-nous-y ;
Peut-être ailleurs serons-nous pis.

Ce proverbe, gravez-le si bien dans votre
mémoire, écrivez-le si bien sur les linteaux
de toutes vos portes, que vous puissiez à
toute heure exploiter le filon de sagesse et
de vérité qu'il renferme.

En le méditant, vous comprendrez sans
peine qu'il s'applique à votre situation, que
vous y êtes bien, qu'il faut *vous y tenir*, et ne
point lâcher le positif pour l'éventuel, le
certain pour l'illusoire, le *bien* pour le *peut-
être pis*.

C'est à développer cette vérité salutaire
que sont consacrées les pages de ce modeste
volume. Lisez-le dans l'une de vos heures de
silence et de recueillement, et vous y trouverez, sous la forme d'un style un peu fami-
lier, tout un enseignement grave et sérieux
qui vous aura peut-être échappé à première
vue.

Si vous appréciez bien ces résultats de l'expérience , si vous avez le bon esprit de mettre à profit les leçons qui en découlent, vous éviterez la triste nécessité de vous écrier un jour, mais trop tard :

> Si jeunesse savait !
> Si vieillesse pouvait !

Car vous, jeunes gens, vous *aurez su* et vous *aurez pu* ce que beaucoupd'autres n'ont pu, parce qu'il ne s'est trouvé personne qui les ait assez aimés pour leur dire, aux jours de leur adolescence :

« Méfiez-vous, enfants, des illusions qui fascinent votre inexpérience. Nés au sein de la vie champêtre, votre oasis plantureuse, demeurez-y : partout ailleurs, c'est le désert et la stérilité.

» Quand le mirage lointain des grandes villes viendra briller à vos yeux ; quand, à son aspect, on fera sonner à vos oreilles le mot *Paris*, songez que ce Paris, qu'on fait alors si beau dans votre imagination , n'est que le réceptacle de toutes les misères, l'enfer de tout ce qui est faible et de tout ce qui est pauvre, une place étroite où ses deux millions d'habitants entassés grouillent comme un essaim d'insectes sur un ulcère dont ils se disputent la fange en s'entre-dévorant mutuellement. »

Ce que je vous dis là, jeunes amis, je l'ai vu, je l'ai senti, je l'ai souffert. Accordez-moi donc toute votre confiance à ce sujet ; en ce faisant, vous m'aiderez à servir vos propres intérêts, qui sont en réalité l'unique but de ce livre.

BONHEUR

DE

VIVRE A LA CAMPAGNE

ET DE

CULTIVER LES CHAMPS.

I

Le retour au village.

Au matin d'un beau dimanche de l'an de grâce 1859, une haute, longue et large voiture de déménagement s'avançait sur la route qui aboutit au village de Pacicourt. Elle n'en était plus qu'à quelques kilomètres, au moment où, pour appeler les fidèles à l'église, les cloches s'agitaient dans les airs et y répandaient des sons religieux, pleins d'une tendresse inaccoutumée. On eût dit qu'elles célébraient d'avance le retour de quelque enfant prodigue.

Pendant ce temps, un jeune homme d'environ vingt ans, accompagné d'une jeune fille qui n'en avait pas plus de quinze, précédaient gaiement la grosse voiture à quelques minutes de distance. C'était Lambert Giraudet et sa sœur Nicolette. Un petit chien, bien noir, bien éveillé, bien alerte les devançait de quelques pas, allant, courant, flairant deçà, delà, à droite, à gauche, par les haies, les fossés et les champs, poursuivant tous les insectes, aboyant à tous les oiseaux.

Ce chien, l'ami de Lambert et de Nicolette, était connu dans le pays sous le nom de Cornet, qui lui avait été donné à cause de la forme de l'une de ses oreilles qu'il tenait toujours droite et relevée comme une pique et mobile comme ses impressions. C'est par le mouvement de cette oreille phénoménale qu'il parlait et conversait avec son monde.

Heureux Cornet! comme il courait au-devant, sautait, caressait toutes ses vieilles connaissances, leur prodiguait les transports de la folle joie qu'il éprouvait, lui aussi, à revoir son pays natal! A sa vue chacun s'écriait : « C'est le chien de Louis Giraudet, qui depuis trois ans nous a quittés pour aller habiter la ville. — Oui, oui, c'est lui, répétait tout le monde. Pauvre Cornet, lui disait-on, où donc sont tes maîtres? » Et lui de répondre en regardant du côté de la route, et en inclinant la pointe de son oreille dans cette direction.

Au même instant on aperçut les deux enfants, à qui chacun ouvrit ses plus grands bras pour y recevoir tout le bonheur, toute la joie dont ils étaient chargés. Quelles bonnes embrassades! que d'amis, que de cousins, que de cousines, oncles, tantes et vieux voisins accoururent leur témoigner le plaisir qu'ils sentaient à les revoir! Que de questions à la fois leur étaient adressées par toute sorte de bouches auxquelles ils n'avaient pas le temps de répondre! « Où est votre père? votre mère? votre petit frère? votre petite sœur? — Ils sont à quelques pas d'ici, dans la voiture, car ils sont fatigués : nous avons marché toute la nuit, » répondait Lambert autant de fois qu'il pouvait.

« Chers enfants, comme vous voilà changés! comme vous êtes pâles et maigris! répétaient les bonnes femmes. — Combien de temps aurons-nous le plaisir de vous posséder au pays? — Ce plaisir, vous l'aurez toujours, répondirent à la fois les deux enfants : nous ne voulons plus de la ville; le bonheur n'y est pas. Nous n'y avons trouvé que des regrets et des larmes. » Mais la conversation, étouffée par le chant des cloches, fut bientôt complétement interrompue par l'arrivée de la voiture énorme qu'on vit apparaître au bout du village, s'avancer bruyamment sur le pavé caillouteux de la rue, et s'arrêter enfin sur la petite place, en face de l'église.

En un clin d'œil cette voiture et ses chevaux furent environnés par la foule, toujours sensible au spectacle de ces grands événements de village. Louis Giraudet montra sa tête alors, sortit du nid où il s'était blotti avec sa famille pendant le voyage et sauta à terre, puis reçut successivement dans ses bras sa femme Charlotte, Marianne et son petit Théophile, le plus jeune de ses quatre enfants.

Il ne les eut pas plus tôt déposés à terre, que tout le monde vint serrer la main de ces revenants chéris. Mais à la vue de la figure pâle, maigre et barbue de Louis et des traits flétris de Charlotte, si belle et si fraîche encore quatre ans auparavant, personne n'osait les interroger sur l'état de leur santé.

Cependant une bonne vieille tante, qui fend et traverse la foule pour les voir, s'écrie en les apercevant : « Seigneur Jésus ! mes pauvres enfants, comme vous voilà étiques et chétifs ! Vous sortez donc tous de l'hôpital ! »

Pour toute réponse, on se jeta dans les bras de l'excellente femme, qui vint mêler ses larmes à celles que l'émotion faisait couler involontairement sur le visage de toute la famille.

Mais le silence subit des cloches, suivi de deux ou trois tintements, vint annoncer l'ouverture du service divin. On s'y rendit avec la foule. Jamais Louis Giraudet n'avait éprouvé un plus grand besoin de se jeter aux pieds du Seigneur, pour le remercier de la faveur qu'il venait de lui accorder de pouvoir encore s'agenouiller et l'adorer dans cette même église, où il avait reçu l'eau baptismale, l'instruction religieuse et toutes les bénédictions de son jeune âge. C'est là qu'il reviendra désormais épancher son âme et se retremper dans l'Esprit du Sauveur. Il a retrouvé son église et son Dieu ; rien au monde ne saurait lui manquer à l'avenir ; et ces pensées étaient aussi celles de Charlotte et de ses enfants.

Le bon pasteur, qui savait ce qui se passait au fond de ces cœurs simples et honnêtes, monta en chaire, et, plein d'une émotion mal contenue, prêcha sur ces paroles de l'Evangile : « Réjouissons-nous, parce que mon Fils que voici était mort et il est ressuscité ; il était perdu et il est retrouvé. » La parole du saint homme fut si paternelle, si pathétique, si touchante, que tout le monde pleura. On dit que Cornet lui-même, gagné à la tristesse par le spectacle de celle qu'il voyait éclater autour de lui, sentit son oreille inflexible s'amollir et tomber ; il ne put s'empêcher de pousser un petit aboiement de tendresse qui le fit chasser de l'église d'où il s'esquiva sous les coups du bedeau en colère. Il alla en boitant se réfugier sous la voiture encore chargée, en attendant la sortie de ses maîtres.

L'office divin terminé, les Giraudet se levèrent, comme tout le monde, et déjà suivaient la masse des assistants qui s'écoulait lentement du côté de la grande porte, lorsqu'ils furent abordés par un bel homme, à la taille d'Hercule, au teint fleuri, aux traits épanouis et sympathiques : c'était M. Dubos, le maire de la commune. Après avoir souri avec bonté à chacun de nos paroissiens nouveaux, il s'adressa, à voix basse, à Louis et lui dit : — Mon ami, fais-moi le plaisir d'être mon hôte, c'est-à-dire de venir loger chez moi avec toute ta famille. Mon foyer, ma table et mes lits t'appartiennent aussi longtemps que tu ne seras pas casé.

— Monsieur, lui répondit Giraudet, je connais l'excellence de votre cœur et vous connaissez l'activité de mon bras : si j'accepte vos bontés, daignez accepter aussi l'offre de mes services.
— C'est bien, Louis, ne parlons pas de cela ici. Va-t'en décharger ta voiture dans l'une de mes remises, si tu n'as pas d'autre endroit plus conve-

nable, et songe que je vous attends à cinq heures pour dîner. A cinq heures, entends-tu ! — Oui, monsieur.

La promesse faite, Louis alla déposer ses meubles, non sous le toit du maire, mais chez son beau-frère, dans une maison dont on lui remit alors la clé. Cette maison, il ne pouvait la voir, il ne pouvait même y penser sans maudire son séjour à la ville; car, naguère encore, elle était sa propriété. Mais, placé entre la honte de revenir au village et la misère avec ses horreurs, il vendit cette habitation paternelle pour se procurer du pain. Ce n'était que le premier pas dans cette mauvaise voie; car, peu de temps après, ses champs, ses prés et une grande vigne furent successivement vendus pour les mêmes motifs. Le manque d'ouvrage, quelques maladies survenues à la suite de privations et d'épuisements, avaient tout dévoré, tout englouti.

Après le déchargement, on visita la parenté et les amis, sans oublier le presbytère et l'école. On y reçut partout bon accueil et bons conseils, car la probité des Giraudet était connue de tout le monde ; mais ces visites furent bientôt terminées. Les pauvres les font courtes et ils ont raison ; le temps, c'est du pain, et il en faut pour vivre : on ne gagne rien à flâner.

Ce fut alors le moment de s'acheminer du côté
de la demeure de M. Dubos, qui résidait à un
kilomètre du village : c'était là que l'estomac les
invitait à se rendre ; quatre heures et demie avaient
tinté sous le marteau de l'horloge du clocher. Cornet, comme toujours, l'oreille en l'air et la queue
retroussée, trottait le premier, puis les enfants et
Charlotte. Louis, un peu en arrière, réfléchissait
sur les procédés bienveillants de monsieur le maire.
« C'est un bon richard, se disait-il ; il aime les pauvres, mais surtout lorsqu'ils peuvent lui être
utiles. Cette hospitalité si large n'est peut-être pas
complétement désintéressée ; il doit y avoir là-
dessous quelque chose. » Louis, qui connaissait son
homme, avait deviné juste, comme vous allez
voir. En effet, après le souper, qui fut gai et
arrosé d'un bon vin du pays, les convives furent
invités à former le cercle devant un bon feu, qui,
par son joyeux pétillement, ajoutait au bien-être
de tous les estomacs satisfaits. Le reflet de ses
flammes, qui illuminait les visages, provoquait à
la causerie et l'on causa.

— Eh bien ! mes amis, était-ce à un feu comme
celui-ci que vous vous chauffiez à la grande ville
que vous venez de déserter ? — Hélas ! M. Dubos,
dispensez-moi de la nécessité de parler des villes :
elles m'inspirent une horreur que ma femme et

mes enfants partagent sincèrement. — Oh! oui, papa, répondent tous les enfants. — Sans même en excepter Cornet, ajouta Nicolette. (A l'ouïe de son nom, l'animal étendu au coin du feu souleva la tête et dressa l'oreille en signe d'approbation.)

— Vous êtes donc bien décidés à rester avec nous? dit le propriétaire. — Quant à cela, M. Dubos, vous pouvez en être certain. — Mais alors, mon ami, il vous faudra une occupation. — Monsieur, dit l'ouvrier, nos bras et notre dévouement sont à votre disposition et à celle de tout le monde, et j'espère que Dieu ne nous laissera pas manquer d'ouvrage et de santé.

C'était là précisément qu'en voulait venir M. Dubos, qui n'ignorait pas quelles étaient la probité et l'activité de Louis, et surtout son habileté en fait d'agriculture.

— Connais-tu ma ferme de Leschaux? lui dit-il après un instant de silence. — Oui, monsieur, répond l'ouvrier. — Connais-tu la nature du sol et quel en est le rendement? — Oui, à peu près; j'y ai travaillé dans ma jeunesse; d'ailleurs quelques instants me suffiraient pour l'apprécier.

— Eh bien! dis-moi, son exploitation à moitié fruits te conviendrait-elle? J'y ai le cheptel bien monté, les harnais en bon état, les terres bien entretenues et les habitations dans de bonnes conditions ; tout le fourrage, toute la paille pour la consommation et l'engrais. Tu n'auras pas à débourser un centime. Manques-tu de vivres? Je t'avancerai tout le grain nécessaire à ta consommation, d'ici à l'époque de la récolte prochaine. — Les bénéfices sur le bétail et la basse-cour sont-ils aussi communs? dit Giraudet. — Oui, oui ; tu sais bien que c'est là une clause que mes ancêtres ont mise en pratique depuis le commencement du monde. — Mais cette ferme est-elle libre à l'heure qu'il est?

— Hélas! oui, malheureusement, fit M. Dubos avec tristesse. La mort vient de m'enlever l'excellent fermier qui l'occupait, Jacques Leroy, que tu as connu sans doute. Le pauvre homme a été frappé au moment même où il allait se retirer pour vivre de ses économies.

« Décidément, se dit alors Giraudet, la providence de Dieu est avec moi aujourd'hui : cette ferme est précisément ce qu'il me faut. » — Allons, fit le propriétaire, à quoi réfléchis-tu là? Acceptes-tu ma proposition, oui ou non? — Pour toute réponse, Louis lui tendit sa grosse main en disant : — Marché conclu; tapez là dedans, M. Dubos.

La poignée de main termina l'affaire. Entre ces deux hommes au cœur loyal et franc, cela valait un acte authentique dressé en bonne forme, signé et paraphé.

A la vue de cette conclusion, Lambert sauta de joie, Charlotte devint rouge de plaisir et Nicolette courut embrasser son père; Marianne et Théophile riaient de la joie de tout le monde. Cornet, étonné, dressa l'oreille, se posa sur son postérieur en portant un regard interrogateur sur son entourage : il aurait voulu en comprendre davantage, mais il paraissait content.

Trois jours après, Louis Giraudet et sa famille étaient installés à la ferme de Leschaux. Le mouvement et la vie renaquirent dans cette ferme, où, peu auparavant, la mort de Jacques Leroy avait apporté le deuil et le silence.

Des voix joyeuses et alertes réveillaient l'écho des taillis voisins : c'étaient celle de Lambert, dont les refrains accompagnaient la charrue; celle de Nicolette, dont les accents se mêlaient aux tintements des sonnettes du troupeau qui paissait sous sa garde au pré, tandis que ses doigts actifs tricotaient des bas pour toute la famille.

Mais le plus bruyant, le plus tapageur des habitants de Leschaux, c'était l'intrépide Cornet : sa voix s'entendait toujours et partout. Jamais poules et troupeaux ne furent si bien gardés, jamais les renards, jusqu'alors l'épouvantail de la basse-cour, ne firent si maigre chère.

Les récoltes semées, soignées, sarclées, nettoyées, poussaient, mûrissaient, se succédaient et remplissaient les greniers. Avec elles, l'abondance et le bien-être rentrèrent au logis; la paix du cœur et l'appétit y rappelèrent une santé aussi vermeille, aussi fleurie que les coteaux et les vallons des alentours. Il ne manquait à leur bonheur que la présence ou le voisinage des maigres et pâles amis dont ils s'étaient séparés en quittant la ville.

Mais Lambert, dont le cœur affectueux avait besoin d'expansion, imagina de suppléer à leur présence par une petite correspondance qu'il n'eut pas de peine à nouer avec eux. Le temps qu'il consacrait à ces douces communications était celui des loisirs que lui procurait le dimanche après l'accomplissement de ses devoirs religieux. Parler de bonheur à ses amis malheureux, leur en indiquer la source et les inviter à venir y puiser avec lui, c'était doubler le sien : aussi n'y manqua-t-il pas.

— Que disait-il donc à ses anciens camarades d'atelier?

C'est ce que vous apprendrez par la lecture de quelques-unes de ses lettres que l'espiègle et bonne Nicolette nous a communiquées à l'insu de son frère. Vous y rencontrerez le style et les goûts du paysan, mais d'un paysan ébauché par quel-

ques années de séjour au collége; ce qui a failli
le détourner de sa vocation d'agriculteur et le jeter sur le chemin de la flânerie qui aboutit à
toutes les hontes.

Soyez discret, cher lecteur; c'est la recomman-
dation que m'a chargé de vous faire la jeune
femme qui, pour rien au monde, ne voudrait se
brouiller avec son frère. C'est à cette condition-là
seulement que je vous permets de tourner le
feuillet.

II

Lambert Giraudet à son ami Gabriel Pageot.

PREMIÈRE LETTRE.

LE PAIN ET LES CONDIMENTS.

Mon cher Gabriel, que tu dois avoir une défavorable opinion de mes sentiments à ton égard, si tu en juges par le retard que j'ai mis à t'écrire! Mais pardonne-moi ; le grand péché des heureux de la terre est d'oublier que le temps fuit et qu'ils se doivent à des amis absents.

— Tu es donc l'un de ces rares, de ces introuvables qui se proclament heureux? me diras-tu. — Comment en serait-il autrement? Je suis ici en nourrice ; j'y ai été déposé sur le sein d'une fée aux mamelles exubérantes comme il serait impossible d'en trouver nulle part, pas plus à Paris qu'à Londres, à Pékin qu'à Tombouctou. Oui, ma nourrice est une fée ; tu en jugeras pas les prodiges dont elle m'entoure. Elle n'a qu'à toucher de sa baguette le sol qui l'environne pour en faire sortir à l'instant un trésor de choses utiles et délicieuses qui renaissent toujours sous la main qui les enlève et sous les lèvres avides qui les épuisent.

L'un de ses nourrissons (car elle en a plusieurs), lui dépose-t-il un objet dans la main ; elle la referme quelques moments, puis la rouvrant, elle lui montre son dépôt multiplié dix, vingt, trente fois, qu'elle lui verse alors dans de grands sacs.

O mon ami ! quelle bonne, quelle riche, quelle libérale mère que celle-là ! As-tu jamais ouï parler d'elle ? Elle est connue ici sous le nom de Madame l'*Agriculture.*

Les enfants de Jacob, échappés au joug des Pharaons, jouissaient au désert du double avantage de l'abondance et de la liberté ; ils n'avaient qu'à se baisser pour recueillir l'aliment quotidien que Dieu leur laissait tomber du ciel. Eh bien ! le croiras-tu ? Nous jouissons ici d'un privilége supérieur à celui dont ils étaient l'objet. Comme eux, nous avons échappé à l'oppression des pharaons des manufactures ; comme eux, nous allons puiser dans la main de Dieu notre manne quotidienne ; mais nous y avons de plus qu'eux l'avantage de la diversité et de la liberté du choix.

Ce n'est pas seulement de la manne, c'est du blé, du vin, du laitage, de la boucherie, des fruits de toute nature et de toute saveur que nous recueillons ; c'est le grain de toute espèce, le sucre, les œufs, etc., toutes choses alimentaires dont l'énumération remplirait des pages. Les alouettes et autres gibiers ne s'y trouvent pas tous rôtis, mais à rôtir, ce qui vaut autant et encore mieux. Aussi avons-nous le plaisir d'aller les chercher lorsqu'ils ne viennent pas d'eux-mêmes se jeter dans nos casseroles. Jeudi dernier, jour de fête et de désœuvrement, papa tua **un lièvre**; moi, deux perdreaux, et **M. Dubos**, qui nous accompagnait à cette chasse, tua seulement un lapin de garenne.

Nicolette m'a fait ce matin une observation dont la naïveté m'a fait bien rire : tu n'en devinerais jamais le sujet. C'est l'inconséquence où elle prétend que toi et d'autres ouvriers citadins vous tombez lorsque, après avoir offert à Dieu votre cœur et votre prière, après lui avoir humblement demandé de vous accorder le pain de chaque jour, vous courez, dit-elle, l'un au fer, l'autre au mortier, le troisième au bois, un quatrième à la pierre, etc. En vérité, n'est-ce pas se moquer ? C'est du fer, du bois, de la pierre, du mortier qu'il fallait alors demander.

Ma sœur a presque raison ; nous autres cultivateurs, nous sommes plus conséquents ; notre prière et nos mains sont toujours d'accord. A l'instant où nous demandons au ciel le pain de la journée, nous travaillons à le produire ; aussi sommes-nous toujours exaucés. Le Tout-Puissant vient lui-même nous l'apporter sans l'intermédiaire de personne. La sublime oraison qu'il a voulu mettre sur les lèvres des hommes semble avoir été faite particulièrement en vue des agriculteurs, qui sont à la fois ses dépositaires, ses commis et ses ouvriers. Messieurs les monarques le savent bien, puisqu'ils nous font l'honneur de ne compter que sur nos produits pour couvrir leurs tables, comme ils ne comptent que sur notre valeur pour défendre la patrie.

Si maintenant quelques-uns de nos anciens amis te demandent comment nous nous trouvons à la campagne, réponds-leur par ces deux syllabes : *Très-bien*. Et dans ces deux syllabes, il te faut voir l'expression de tout le bonheur renfermé dans la santé, l'abondance et la sécurité. A quoi il faut ajouter les agréments que nous procure le spectacle de la nature, — non pas de la nature morte et mutilée que vous voyez dans vos pavés, dans vos murs, dans vos rues encombrées de charrettes et d'immondices toujours renaissantes, — mais de la vraie nature, de celle qui illumine notre ciel, verdit nos forêts, fleurit nos vallons, multiplie le chant des oiseaux et comble de grains nos épis.

Oui, nous sommes heureux autant qu'on peut et qu'on doit l'être dans les communes conditions de travail imposées par Dieu, qui lui-même s'y soumet à sa manière. Avons-nous à nous en plaindre? Non ; le travail est pour nous moins une charge qu'un privilége, celui de forcer la nature à nous servir.

Et toi, mon pauvre ami! quand je songe à l'abîme de difficultés qui te sépare de ton pain quotidien et de tout l'accessoire indispensable à la vie, je frémis pour toi et les autres camarades que j'ai laissés dans les manufactures et les petits ateliers, le jour où j'ai abandonné la ville pour les champs.

Que de conditions à remplir pour avoir la certitude que le boulanger travaille pour vous! Il faut que vous ayez une bonne profession, — que vous y soyez plus habile que vos rivaux, — que vous soyez jeune et vigoureux (car on repousse les ouvriers qui ont dépassé la trentaine), — que l'on ait besoin de vous, — que les produits manufacturés s'écoulent, — que la paix et la prospérité publique règnent, — que la concurrence ne tue pas les salaires et les établissements, — que de nouvelles machines ne viennent pas vous supplanter à tout moment, — que les mortes-saisons ne ferment pas vos ateliers, — que le caprice d'un patron, un motif égoïste, un hasard, un accident imprévu ne vous fasse pas renvoyer et mille autres.

Mais si l'ouvrier qui professe un art, un métier habilement exercé est victime de tant d'éventualités, de tant de déboires, quels ne doivent pas être les risques, l'abandon, les souffrances du simple manœuvre qui n'a que sa force brutale à offrir en échange d'un pain rare et cher qu'il a souvent à fournir à toute une famille! Je n'ai pas besoin de te le dire : la plupart dépérissent souffreteusement et s'éteignent dans quelques coins obscurs d'un bouge inconnu.

Mais qu'importe même la prospérité du travail de l'ouvrier? Une simple maladie suffit pour le jeter dans la situation la plus déplorable. Te souvient-il de l'état de misère et de dénûment que me valut une foulure au bras dans le temps où nous travaillions ensemble à l'atelier de M. Lagier? Mon salaire fut dès ce jour même interrompu ; dès ce jour aussi le gargotier me refusa le bol de maigre bouillon qu'il me servait une fois par jour. De même firent le boulanger et le propriétaire de mon logis : ce dernier m'expulsa de la petite et sale chambre qu'il me louait bien cher. Je me réfugiai

au taudis paternel, placé dans un faubourg éloigné
et qui ne renfermait pas moins de misère, car
mon père, lui aussi, venait d'éprouver une maladie causée par l'infection de l'air d'une manufacture où il travaillait. Ma pauvre mère pleurait :
elle n'avait pour soutenir la famille et nous secourir que les quinze ou vingt sous qu'elle gagnait à
coudre des casquettes ou des gilets, depuis cinq
heures du matin jusqu'à dix heures du soir. Je me
trompe, il faut y ajouter les cinq sous que Nicolette gagnait à faire le même métier. Mais ce sont
là des souvenirs dont nous ne parlons jamais à
papa; cela le ferait, comme toujours, éclater de
colère contre les villes qu'il a en horreur.

Ici, mon vieux, combien tout est différent! Je
me fis, il y a quelques jours, une entorse au pied
en suivant ma charrue. Le mal s'aggrava : je me vis
condamné par le médecin à quinze jours de repos.
C'était long, mais la sentence était portée, il fallait la subir. Quinze jours d'oisiveté ! quelle péni-
tence ! — Eh bien ! mon cher citadin, quelle perte
crois-tu que j'en aie éprouvée? — Crois-tu que
j'aie perdu mon salaire? Il est dans la séve des
récoltes qui couvrent nos vallons. — Qu'un vil
logeur m'ait congédié? Nous sommes chez nous
presque autant que M. Dubos. — Que mon travail
en ait souffert? Pauvre ami, tu ne sais donc pas

qu'un compagnon d'œuvre, un ouvrier sans pareil travaille en notre absence dans nos champs! Voilà le merveilleux : cet ouvrier c'est le bon Dieu. Il est partout à la fois, et partout l'activité de sa main est visible. Aussi n'avons-nous point d'incrédules aux champs ; pour croire, nous n'avons qu'à nous confier au témoignage de nos yeux.

« Ne t'inquiète pas, Lambert, me disait souvent le pasteur qui venait me voir pendant ma convalescence. Regarde par la fenêtre : partout sans toi l'œuvre s'accomplit aux champs. La tige des moissons s'y allonge, l'épi s'y remplit, la grappe de raisin s'y développe et se colore ; sans toi, le lait continue à abonder aux pis des vaches, les troupeaux à grossir, la toison à grandir et les agneaux à se multiplier. Le poulailler se remplit toujours d'œufs, la laiterie de fromages, de crème et de beurre. Aux bras de Nicolette, les paniers, comme toujours, s'en vont au marché pleins de provisions et en reviennent pleins de gros sous.

» Tranquillise-toi ; le même Dieu qui multiplia cinq pains et deux poissons pour nourrir cinq mille personnes à Génézareth, et fit du vin avec de l'eau aux noces de Cana, saura bien aussi multiplier les grains dans les épis et changer la séve des pampres en bon vin. Comptons toujours sur les miracles annuels du Seigneur. »

2.

Qu'ici, nous autres paysans, nous soyons en désaccord avec vous sur la question de la présence de Dieu dans les opérations de la nature, je ne m'en étonne pas. Vous vivez loin d'elle, vous ne la connaissez qu'imparfaitement, aussi bien que son auteur. Mais ce qui m'étonne, mon cher Gabriel, c'est de voir des gens doués de ce tact, de ce bon sens qui te distinguait autrefois parmi nous, persister à se tenir éloignés du grand magasin de la nature et continuer à végéter, à s'étioler, à souffrir et s'éteindre misérablement dans cet amas plus ou moins impur d'habitations qu'on appelle une ville.

C'est pourquoi, si jamais tu éprouves le noble, le salutaire besoin de l'indépendance et du bien-être, viens ici faire de l'agriculture avec nous. Tu n'y vivras pas sans travail et sans peine : il y en a et il en faut même un peu partout, mais tu n'auras à y compter avec les caprices de personne pour couvrir ta table d'aliments salubres et y arroser de temps en temps tes repas d'un vin bienfaisant. Ce sont là toutes choses qui naîtront sous ta main.

Quel bonheur, mon cher ami, de vivre à la campagne !

III

DEUXIÈME LETTRE.

LE LOGIS ET LE VÊTEMENT.

Merci pour ta lettre. Tu nous y apprends que tu as du travail et de la santé : tant mieux. Le premier, c'est la liberté; la seconde, c'est la richesse. Mais, hélas ! dans vos villes, le travail est si inconstant, la santé si fugitive, que tu ne peux guère y compter.

Ici, où ils ont à jamais fixé leur séjour, nous sommes par cela même dispensés de te dire si nous sommes occupés et bien portants; cela va de soi et nous n'en sommes pas fâchés. Mais l'objet de notre travail a été, depuis huit jours, toute autre chose que nos champs.

O champs, ô bien-aimées récoltes ! comme ils doivent languir de notre absence et s'ennuyer ! Car là, tout nous connaît, nous sourit au passage, nous parle, nous salue en s'inclinant mollement sous les caresses de la brise. Tu ne saurais te faire une idée de ce qu'il y a de ravissant dans ce spectacle et l'intimité de cette végétation parlante que nous avons semée, vue naître et se développer sous nos regards jaloux de père.

Que sont la gentillesse et la beauté de vos jeunes demoiselles, auprès de nos simples paquerettes des prés? Qu'est la grâce de vos fats, de vos impertinents dandies auprès de la plus modeste fleur de nos citrouilles? Qu'est leur richesse auprès de la richesse emmagasinée dans un épi de blé? Et pourtant depuis quelques jours nous avons abandonné toutes ces charmantes idoles de nos vallons et de nos coteaux pour faire... devine quoi? — Couper, tailler, terrasser, brouetter, entasser, piler, monter, descendre et remonter. — Est-ce tout? — Non; nous avons encore été occupés à déshabiller de pauvres innocents, à les dépouiller de tout vêtement, puis à les jeter dans la rue. Cela veut dire, mon cher, que nous avons fait un hangar et tondu nos moutons.

Commençons par le hangar. C'est nous-même, qui, aidés par un charpentier, avons fait cette construction; c'est nous qui avons abattu le bois dans nos taillis, nous qui les avons transportés, équarris et sciés. Voilà pour la charpente; mais pour la supporter, il fallait deux murs, et à l'heure même nous sommes devenus maçons.

Entre des planches assemblées et disposées comme il faut, puis déplacées à mesure, nous avons pilé de la terre fraîche et monté nos murs en pisé, le tout en deux jours. Le troisième, nous avons bâclé la toiture, provisoirement en chaume qui plus tard fera place à de la tuile.

Devine combien a coûté à M. Dubos cette bâtisse, assez spacieuse pour abriter et remiser trois charrettes et deux charrues? — Tu diras trois cents francs? — Tu n'y es pas. — Deux cents? — Moins que cela. — Cent? — Tu n'en approches pas. — Cinquante? — Non; tu n'y parviendras jamais, mon ami. Elle a coûté simplement les trois journées de l'ouvrier charpentier, à 2 francs 50 centimes chacune, c'est-à-dire, en toutes lettres : *sept francs cinquante centimes*, plus la nourriture de quelques jeunes gens du voisinage qui, comme toujours, en cas pareils, se sont fait un plaisir de nous donner le coup de main pour terrasser et battre le pisé.

Tu crois rêver en entendant de pareilles histoires; c'est que dans la campagne nous avons, de par la nature, tout sous la main. Je t'invite à réfléchir maintenant sur la facilité que rencontre ici la plus pauvre famille à se construire une de ces petites habitations rurales, si méprisées des grands de la terre, qui ne savent pas que le bonheur y fait sa résidence depuis l'origine du monde.

Nous sommes tous convaincus de cette grande vérité, à l'exception de Cornet, qui, pendant nos travaux du hangar, a reçu sur l'échine un débris de tuile lancé du haut du toit par le charpentier. Nicolette, son amie dévouée, qui se trouvait là en déléguée de la Providence, lui a sur-le-champ prodigué ses consolations et ses soins : elle nous assure qu'on n'a rien à craindre pour ses jours.

J'allais oublier de te mander un incident survenu pendant la construction de cette remise et qui servira à dissiper chez toi quelques préjugés possibles, relativement à la valeur de notre maçonnerie en terre. C'est une discussion qui eut lieu en notre présence, entre M. Dubos et l'un de ses amis, M. Thomassin, homme étranger à notre pays et plus encore à nos murs. Il contesta la solidité du pisé. M. Dubos lui prouva qu'à l'abri de l'humidité par les fondements, ces murs sont éternels. « En » Bresse, » lui disait-il, « les fermes, les villas, » les écoles et les presbytères ruraux, sont en pisé » et durent des siècles : la plupart des murs in- » térieurs de Lyon ne sont pas faits autrement. » D'ailleurs, » ajouta-t-il, « je vous ferai tout à » l'heure admirer chez moi, des murs d'appar-

» tement en pisé qui ont abrité le berceau des
» aïeux de mes aïeux, et qui sont dans un tel
» état de conservation qu'ils ne le cèdent en rien
» aux murs de pierre les plus aristocratiques. »
Là-dessus, M. Dubos entraîna son ami dans la
direction de sa demeure. En fit-il un prosélyte ?
C'est ce que tu ne sais pas , ni moi non plus.

Mais , revenons à nos moutons : c'est ici le cas
de le dire ou jamais. C'est pour eux que dès la
veille du jour indiqué, les tondeurs sont arrivés à
la ferme , où pendant leurs vingt-quatre heures de
séjour, nous les avons hébergés et nourris. Le
lendemain , à l'aube du jour , ils se sont mis à la
besogne. Pauvres bêtes ! leurs bêlements les plus
tendres, leurs regards les plus doux, les plus
suppliants, n'ont pu toucher le cœur, ni désar-
mer la main de ces impitoyables qui , munis de
leurs grands ciseaux à ressorts , leur ont fait subir
la toilette ignominieuse, tandis qu'elles avaient les
quatre pattes liées et garrottées ensemble. Puis,
dépouillées, tondues, elles ont été, une à une,
jetées dans la rue toutes honteuses et toutes nues.

Papa, endurci par l'habitude de voir à la ville
les plus forts tondre et dépouiller les plus faibles,
disait à ma petite sœur Marianne : « Ne pleure pas ;
il n'y a là rien de cruel ni d'inhumain. Nous ne
faisons que délivrer ces bonnes bêtes d'un manteau

qui, dans peu, les étoufferait de chaleur sous les ardeurs de l'été qui commence. Ne vois-tu pas d'ailleurs que Dieu travaille immédiatement à leur donner un autre habit en faisant repousser leur laine ? Ce n'est pas trop, que ces chères brebis changent de vêtement une fois par an. L'habit neuf vaudra bien le vieux. »

C'était là bien raisonner : pourtant, ce discours ne produisit aucun effet sur l'esprit de Marianne, qui était plus affligée, plus désespérée que toutes les victimes du ciseau.

La veille, dès l'arrivée de ces coupeurs de laine, elle avait promis à sa jeune brebis que personne n'attenterait à sa toison. Mais le matin elle s'est éveillée et levée trop tard. Quand, accourue en toute hâte, elle est arrivée auprès des tondeurs, l'opération sur la petite bête était déjà commencée. Juge de sa désolation ! Elle a prié, supplié, menacé, fait tapage pour obtenir l'interruption du crime : rien n'y a fait. Les barbares s'en sont moqués et ont continué. « C'est un vol, c'est une indignité ! » s'écriait-elle. On a eu toutes les peines du monde à l'apaiser.

De toute cette laine, mise dans de grands sacs, la moitié appartient à M. Dubos et l'autre à nous. Cette dernière, la nôtre, sera en partie vendue et en partie lavée, filée, tissée et tricotée pour la maison.

Mais, après la tonte de nos brebis, viendra bientôt celle de nos champs; car, eux aussi, ont leur laine que nous semons, récoltons, et dont nous faisons ce beau, ce blanc tissu qu'on admire et qu'on paie si cher à la ville. Oui, mon ami, ce linge qui doit couvrir nos corps et nos tables, garnir nos lits et remplir nos armoires dont il sera le trésor, il tapisse aujourd'hui nos coteaux, les couvre et les embellit. Tu pourrais voir, à l'heure qu'il est, comme il pousse, grandit, se développe et fleurit à l'état de récolte où se promène le souffle du matin qui la fait gracieusement onduler.

Si tu t'avisais d'ignorer le nom de cette culture, je te dirais que c'est tout simplement celle du chanvre et du lin, qui procurent encore à nos lampes l'huile qui nous éclaire. Le croirais-tu? Dans peu de temps, tout cela sera cueilli, roui, teillé, peigné, puis filé sous les doigts habiles de nos filles et de nos mères pendant nos gaies soirées d'hiver.

> Tournez, rouets, virez, fuseaux,
> Aux mains des filles du village;
> Faites-nous de gros écheveaux
> De fils bien fins, de fils bien beaux,
> Car il leur tarde, en ce bel âge,
> De finir leurs petits trousseaux, etc.

C'est le refrain qu'on y chante, et cette marseillaise mignonne ne laisse pas que de faire remporter de rudes victoires sur le sommeil qui, vers le minuit, menace d'envahir la veillée.

De ces tourets et de ces fuseaux, que de fil se dégage et s'en va chaque printemps chez le tisserand qui, quelques mois après, le rapporte en gros rouleaux de toile, qu'il déploie et remesure sous les yeux de nos femmes toutes palpitantes d'aise et de gloire! Et tout cela, le dimanche matin, avant de manger l'omelette et la soupe aux choux qu'on fait alors partager au bon tisseur, dont on remplit dix fois l'assiette et le verre. Puis, le déjeuné fini, on s'en va tous ensemble à l'église. Mais que le Seigneur y est mal servi ce jour-là! L'esprit de nos femmes est resté dans le rouleau de toile où il coupe, taille et confectionne. Que de chemises, que de nappes, que de draps, que de serviettes, essuie-mains et tabliers de toutes sortes vont sortir de là! car la pièce est longue et tout le fil n'est pas tissé. Il nous faut encore du treillis pour faire des sacs et des vêtements bleus de travail : le tisserand nous l'a promis pour la fin du mois. Tel est ce jour-là le rêve dévotieux de nos mères et de nos filles pendant l'office divin, qui finit juste au moment où l'on allait calculer ce que la toison du troupeau pourra aussi nous donner de jupons d'hiver, de vêtements de bure ou de drap, dont nous n'aurons à payer que le tissage et le foulage.

Eh bien! dis-moi, mon cher Gabriel, en est-il ainsi à la ville? Est-ce sur le pavé de vos rues, sur les murs de vos monuments que vous tondrez de la laine? Est-ce sur le macadam de vos trottoirs que vous cueillerez du chanvre et du lin ? — Cela me rappelle le mécompte de l'un de mes anciens voisins, Philippe Duret, qui, ayant eu la folie de quitter l'agriculture pour la menuiserie, se lamentait, dans sa détresse, de ne voir sortir ni blé, ni pommes de terre de ses mortaises et de ses copeaux, comme autrefois de ses sillons. Chers et bien-aimés sillons! il y revint et fit bien.

Que d'argent il vous faudrait là-bas pour obtenir de vos marchands d'étoffe de quoi vous vêtir comme nous, et, comme nous, remplir vos armoires de beau linge! Et, pour construire une simple remise comme la nôtre, combien de beaux écus ne vous faudrait-il pas débourser chez les marchands de bois, de pierre, de plâtre et de briques, sans compter la main-d'œuvre! Rien que d'y penser, cela fait trembler!

Tu le vois, mon gars; pour se nourrir, se loger et se vêtir à la campagne, on n'a qu'à le vouloir. Pour peu qu'on prenne le parti de ne pas trop dormir, trop croiser les bras, tout va bien : le bon Dieu y fait les trois quarts de l'ouvrage.

Quel bonheur, mon ami, de cultiver les champs !

IV

TROISIÈME LETTRE.

LE CHAUFFAGE ET L'ÉCLAIRAGE.

Nous t'avons attendu la semaine dernière : tu as bien fait de ne pas venir, nous t'eussions fait peur et peut-être fuir, car pendant tout ce temps nous avons été sous les armes, et, ce qui est plus terrible, en plein combat du matin au soir, mais sans brûler un centigramme de poudre. Nous n'avons fait usage que de l'arme blanche, c'est-à-dire de haches, cognées, serpes et autres semblables instruments de destruction. Cependant, partout victoire complète ; partout notre passage était marqué par une immense jonchée de nains et de géants à l'état de cadavres. Juge de notre vaillance et surtout de notre gloire !

Ce qui en ternit un peu l'éclat, c'est que nos

adversaires n'étaient autres que nos paisibles taillis communaux, nos bois d'affouage où il se fait chaque année une grande coupe au profit de tous les habitants. Cela explique pourquoi hommes, femmes et enfants, nous étions tous de la grande guerre : couper, ébrancher, fagoter, besogne pour tout le monde. A chaque craquement, à chaque chute d'arbre, les oiseaux désolés poussaient de petits cris plaintifs et s'en allaient voletant un peu plus loin. Chers petits êtres ! c'est là leur seule manière de protester contre notre barbarie.

Le soir, après le retour et le souper, nous nous réfugions à l'étable où il fait chaud, car nous sommes en hiver et maman trouve que ce chauffage est économique. (Tu sais que l'économie est d'ordinaire la grande préoccupation des mamans.) Là, tout en cousant, filant, tricotant, nous nous groupons autour de la lampe commune pour savourer de charmantes lectures faites à haute voix.

Ces lectures sont de temps à autre interrompues pour faire place aux observations les plus diverses, aux commentaires les plus étonnants. Ceux que les enfants imaginent dans leur naïveté ne sont pas les moins divertissants ni les moins sensés.

Mais ces interruptions nous viennent souvent d'auditeurs plus indifférents. C'est quelquefois la voix stridente d'un coq du poulailler voisin; quelquefois le bêlement d'un petit biquetin qui cherche la mamelle de sa mère; d'autres fois, c'est le reniflement dédaigneux d'un bœuf qui rumine majestueusement sur sa litière. Hier soir, ce furent les aboiements tapageurs de Cornet.

Nous étions, Marianne et moi, à lire quelques pages d'un bon livre qui traite de l'humanité avec laquelle nous devons nous comporter à l'égard des animaux domestiques; nous faisions entendre combien la plupart de ces bêtes sont généreuses qui, non-seulement labourent nos champs, fécondent nos moissons, remplissent nos greniers, transportent nos fardeaux et nous-mêmes, mais qui nous nourrissent encore de leur laitage, nous couvrent de leur laine, nous abritent contre le froid des hivers, puis terminent leur pénible existence en nous livrant leur chair pour aliment, leur cuir pour chaussure et jusqu'à leurs cornes et leurs os pour être transformés par l'industrie en objets de luxe ou d'utilité. Nous en étions à lire ces touchantes vérités quand tout à coup la voix grondeuse et menaçante du chien éclata et mit toute l'étable en émoi.

Il venait de flairer la présence d'un de ces loups pleins d'appétit que la neige des montagnes envoie souper dans la plaine. Le coquin se fût bien contenté, pour son repas, d'un mouton ou de quelque Chaperon-Rouge, mais nous ne fûmes pas assez hospitaliers pour les lui servir. Ce soir seulement nous lui servirons un bon morceau dans un bon piége qui nous permettra de faire sa connaissance. Ce matin nous avons vu sur le verglas l'empreinte des pas de ce visiteur clandestin.

Cet incident n'a eu d'autre désagrément que celui de troubler un instant le repos de notre cher bétail. C'est notre faute, disait maman ; nous n'avions que faire d'introduire ici Cornet. — C'est si bien notre faute, dis-je à mon tour, qu'il ne devrait jamais y avoir ici ni gens, ni chien pendant la nuit. A l'étable, le bétail est chez lui, et notre raison nous fait un devoir de ne pas troubler le repos de nos serviteurs, fussent-ils des quadrupèdes. Là-dessus, grande désapprobation de la part de ma mère et de ma sœur. Cela se comprend : la chaleur de l'étable est pendant l'hiver si douce, si égale, si agréable et d'un usage si antique, que les femmes ne peuvent que difficilement supporter l'idée d'y renoncer, même aux environs de Paris.

Aussi, aux observations que fait parfois mon père sur l'insalubrité de l'air des étables que l'encombrement rend encore plus impur, nos femmes répondent-elles que ce n'est là qu'un préjugé, une sotte opinion démentie par l'expérience de tous les temps ; — que c'est parmi les veilleuses de nos étables que se rencontrent toujours les personnes les plus robustes, les filles les plus fraîches, les femmes les plus âgées ; — que c'est aux étables que nous devons le bonheur de posséder nos aïeules de quatre-vingts et de cent ans ; — que l'étable est le premier, le plus naturel et le plus salubre des calorifères ; — que leur interdire l'entrée de ce paradis de l'hiver, serait susciter toute une révolution dont elles seraient les premières instigatrices.

Devant une telle logique et de telles conclusions, il n'y a rien à dire, rien à faire, sinon à rire : c'est ce que nous avons fait de la meilleure grâce du monde, à la grande satisfaction de maman et de Nicolette. — Et pourtant, murmurait papa, nous sommes encombrés de combustible. Bois gros et menu, sarments, racines, tourbe, etc., nous en avons de toutes sortes : pourquoi donc aller demander du chauffage au bétail ?

Devinerais-tu quelles sont les tristes réflexions qui me traversent l'esprit en présence de l'abondance de combustible dont nous jouissons ici ? Je pense à la ville, aux ressources qu'elle offre aux pauvres ouvriers sous le rapport du chauffage.

Te souviens-tu des longues soirées où nous gre-

lottions ensemble autour d'un tison à demi en-
flammé et qui boudait là, tout honteux de se
trouver seul à notre foyer désolé? Que faire? Le
bois était cher et l'argent rare comme toujours.

Ici tout est bien différent : le pauvre et l'orphelin même trouvent partout à se chauffer ou de quoi
se chauffer. La charité y élargit les foyers et les
étables y sont ouvertes à tout le monde (1). — Et
l'éclairage, mon cher? Nous le puisons à la même
source. Le chanvre et lin, comme je crois te
l'avoir déjà dit, nous procurent, avec les vêtements, l'huile à brûler, ainsi que le colza. Le noyer
et le hêtre, qui meublent nos appartements, nous
fournissent encore l'huile à manger, si bonne mais
si chère chez les épiciers, qui nous la vendent au
poids de l'or.

Mellina Turaud, la belle domestique de M. Prôt,
me dit un jour à ce sujet : — Vous avez dans vos
campagnes du combustible à discrétion, j'en con-
viens; mais nous autres, gens de la ville, nous en
avons aussi que vous ne connaissez pas. La houille
et le coke, voilà ce qui vous manque et qui nous
chauffe très-bien. Et notre gaz, qui reluit comme

_____

(1) Outre les taillis communaux, les sarments, les rafles de
maïs, etc., les haies de la plupart des fermes fournissent, à elles
seules, plus de bois qu'il n'en faut pour la consommation annuelle.

des soleils par toutes les rues et dans tous nos magasins? C'est bien plus beau que la flamme terne de vos lampes. Puis nous avons encore le pétrole. C'est ça qui éclaire aussi!

— Pauvre Mellina, lui répondis-je; parce que vous avez du charbon de terre qui coûte bien cher et sent bien mauvais, vous le croyez préférable au bois qui ne coûte rien et ne sent rien. De même pouvons-nous dire de votre gaz et de votre pétrole, qui sont chers, infects, malsains et dangereux. D'ailleurs, ces combustibles dont vous proclamez les avantages, pourquoi les bourgeois, vos riches patrons, n'en font-ils pas usage et préfèrent-ils les nôtres? Croyez-vous qu'ils soient plus maladroits que vous dans leur appréciation?

Ainsi, mon ami, si tu veux venir te reposer quelques jours sous notre toit champêtre, tu pourras t'y chauffer s'il fait froid, t'y éclairer s'il fait nuit, t'y réjouir avec nous si tu es triste. Car, outre les joies d'une vieille amitié, la vie d'hiver te réserve ici des agréments inconnus chez vous. De ce nombre sont nos frugales collations de pommes de terre cuites sous la cendre, les gaufres et les crêpes faites en famille et distribuées en présence d'une bouteille de vin qui sourit à tout un cercle d'amis placés devant l'ardent foyer. Il y a là de magnifiques charbons au service du boudin, de la saucisse et de la côtelette que Cornet ne voit jamais sans envie et sans espoir.

Au moment où je termine ces lignes, maman est venue tout doucement dans ma chambre où elle m'a surpris à t'écrire. — Ah! ah! des relations! et avec qui? m'a-t-elle dit. — Avec Gabriel, ai-je répondu. — C'est bien, mon enfant; que lui dis-tu? — Je lui dis toutes sortes de choses : entre autres, quel est le bonheur de la vie des champs; comment le Créateur nous y donne tout le matériel nécessaire à l'existence : nourriture, vêtement, logis, chauffage, éclairage et, par-dessus le marché, l'indépendance; mais à condition d'y travailler comme partout.

Adieu, mon vieux. Quel dommage que tu ne connaisses pas le petit coin du petit territoire de la petite commune que nous habitons! Que de choses n'aurais-je pas alors à te mander! Je te parlerais de notre vache rousse qui, ce matin, nous a donné un joli veau et nous promet force lait, crème et fromage; — puis je t'apprendrais le mariage prochain de Gertrude Gaucher avec Jules Landrault, gros garçon qui lui apporte en ménage tout un trésor de gaieté, de force et de santé. Aussi, quelle belle et forte fille que cette Gertrude; sans compter qu'elle a de la sagesse et des dents blanches, de la modestie et des yeux brillants, de la candeur et des cheveux blonds sur une peau si fraîche et si veloutée que c'est merveille! Ah! mon ami, on n'en récolte pas de ce calibre à la ville!

Je viens de me brouiller avec ma sœur Nicolette, qui me fait un crime d'aller pour elle à la fontaine puiser et rapporter de l'eau. Elle prétend que seule elle a le droit de se fatiguer pour moi qui, dit-elle, me fatigue assez sur le sillon pendant la semaine.

Au presbytère, on te connaît et l'on t'aime sans t'avoir jamais vu ; on se propose même d'aller te voir à la première occasion.

Quel bonheur, mon cher, de vivre à la campagne!

V

QUATRIÈME LETTRE.

Nicolette, occupée ce matin à s'arranger les cheveux devant la petite glace, — car c'est aujourd'hui dimanche, — disait : Quel miroir est le nôtre ! il s'avise depuis quelque temps de m'arrondir et colorer le visage, à moi qui l'ai toujours eu naturellement ovale et sans couleur ! — C'est vrai, dit alors Marianne ; à la ville, il nous faisait une figure tout autre qu'ici. Il est un menteur, un trompeur. — Dites plutôt qu'il est un flatteur, répondit maman ; il fait semblant de nous embellir ou de nous rajeunir pour nous rendre fières et vaniteuses comme les dames de la ville. Mais il a beau faire, quant à moi ; il ne m'en fera pas accroire sur le miracle de mon rajeunissement. — S'il est un imposteur, il faut le briser, dit

Théophile. — Ah ! méchant ! gardez-vous-en bien, s'écria Nicolette, il est si gentil ! Pourquoi lui faire un crime d'être aimable à notre égard ? — Ma fille, lui fit observer ma mère, ce que tu dis là n'est pas bien. Il est bon de savoir, à ton âge, que les flatteries ne sont jamais des amabilités, mais des piéges très-dangereux pour les jeunes personnes. Retiens cette leçon : elle peut te préserver de bien des malheurs. — Oui, maman.

— Et moi aussi, dis-je à mon tour, j'ai une remarque à vous communiquer ; c'est qu'ici, à la campagne, l'étoffe se resserre et se rétrécit singulièrement. Tous mes vêtements se rapetissent de plus en plus ; c'est au point que bientôt je ne pourrai plus les mettre. Expliquez-moi cela, vous autres, femmes ? — Oh ! pour cela, répondirent-elles, nous l'éprouvons aussi et nous te renvoyons la question.

— Faut-il que je vous dise ce que j'en pense ? fit alors le père Etienne Farjeau, notre voisin, d'un air effrayé et faisant des yeux gros comme la lune ; c'est que miroir et vêtements sont ensorcelés. Vous savez que le vieux berger de la ferme du Biolet, le père Maculot, est entré ici il y a quelques jours. — Oui, répondîmes-nous. — Eh bien ! cet homme est un sorcier comme il y en a peu : il est reconnu pour tel dans tous les pays d'alen-

tour. Si vous saviez l'histoire de ses prodiges !...
c'est inconcevable ! Mon idée, à moi, c'est qu'il a
jeté un sort sur votre maison : voilà à quoi il faut
faire attention, voyez-vous. Mais chut !... j'ai déjà
trop parlé : il sait tout ce qu'on dit de lui d'un
bout de la France à l'autre.

Le ton de mystère et de solennité qu'il a mis à
nous dire cette sottise nous a fait tous éclater de
rire involontairement. Le pauvre homme, alors
honteux et blessé de notre impertinente incrédulité, s'est mis dans une belle colère, que nous
avons tâché de calmer de notre mieux. — Mon bon
Etienne, lui dit mon père, tu es un honnête
homme et nous t'aimons tous ; mais il faut que je
t'apprenne que chez toi la superstition a étouffé le
bon sens. C'est une maladie d'esprit que tu feras
bien de chercher à guérir ; ce à quoi tu réussiras,
si tu veux te donner la peine de fréquenter l'école
du soir ; tu y recevras de M. Alexandre, notre
habile instituteur, des leçons qui te déniaiseront
complétement à cet égard.

En attendant, je vais vous dire que l'ensorcel-
lement dont nous parlons ici n'est ni dans cette
petite glace, ni dans vos vêtements : il est bien
plus largement répandu. — Et où donc est-il ?
ont demandé Marianne et Théophile. — Il est dans
la pureté de l'air que vous respirez, — dans

l'abondance de lumière qui vous inonde, — dans la salubrité de l'eau que vous buvez, — dans la bonté, la simplicité, la variété de vos aliments, — dans la propreté de votre corps, de votre linge et de votre habitation, qu'on peut ici laver à volonté, et dans la sagesse de votre conduite.

Voilà, mes enfants, ce qui donne de la vigueur à vos membres, de l'énergie à votre âme, du développement à votre corps, de la plénitude à votre visage et de la fraîcheur à votre teint. — Ce ne sont pas vos habits qui se sont rapetissés, mais votre corps qui a grossi, et, quant au miroir que vous traitez de menteur, c'est le calomnier : il ne fait que constater la prospérité de votre santé.

Je suis en tout point de l'avis de mon père. La santé, la force et la beauté sont les premiers fruits, la première récolte que nous faisons dans nos champs. Faut-il s'en étonner ? Non, mon cher ; car Dieu est bon, et c'est par ce premier cadeau, cette première étrenne qu'il accueille ceux qui consentent à être ses compagnons de travail, ou plutôt ses collaborateurs dans l'œuvre de l'abondance universelle.

Mais aux pâles et ingrats habitants des villes, rien de pareil. Il ne leur accorde pas même de l'air : il y est sale et puant ; — pas même de l'eau :

elle y est fade et impure ; — pas même de la lumière : on y végète, on y grouille à l'ombre, dans de grands fossés qu'on appelle des rues.

Comment l'ouvrier y peut-il combattre la malpropreté, cause de tant de maladies? L'atmosphère des ateliers y est chargée d'émanations graisseuses, de détritus infects, d'où résulte pour lui un état inévitable de malaise, de langueur et de dépérissement qui finit toujours par amener le deuil au logis. Pauvre logis! où s'étale pêle-mêle tout l'attirail de la misère : des berceaux, des haillons, de la vermine, des ordures et de la souffrance! — Tu sais qu'il ne peut en être autrement : ces tristes taudis sont, dès l'aube du jour, abandonnés par les mères, qui en sont chassées par le besoin de se procurer l'aliment de la journée, et quel aliment! Cornet lui-même n'en voudrait pas. Un brin de charcuterie cuite et avariée, mise à l'étalage depuis des semaines, quelque peu de raisiné de Normandie, de fromage à la pie, ou de pommes de terre frites dans la rue, au moyen de graisse qui n'a pas de nom; telle est la nourriture impure et insuffisante que chaque pauvre ouvrière parvient à gagner pour ses chétifs enfants, au prix de tant de sacrifices.

Tu as connu ou connais peut-être encore la femme de Jannal, dit la Groule : elle était de celles-là, la pauvre infortunée ! Pour gagner ses dix-huit sous par jour à la fabrique de M. Olard, elle abandonnait ses quatre enfants dès cinq heures du matin, pour ne les revoir qu'à la nuit tombante. L'un d'eux était reçu à quelque salle d'asile, l'autre à quelque crèche, et les deux aînés, âgés l'un de six ans et l'autre de sept, que devenaient-ils ? Nous ne le savons pas, personne ne l'a jamais su. Ils étaient probablement jetés dans quelques ateliers obscurs et souterrains, entre les mains de certains ogres qui les exploitaient pendant douze ou quatorze heures par jour. Peut-être étaient-ils dans les rues, abandonnés à eux-mêmes et occupés à faire l'apprentissage de tous les vices. Ce qu'il y a de certain, c'est qu'ils étaient malingres et rachitiques, comme tous les autres enfants citadins de même condition.

En ville, chacun a des besoins violents à satisfaire, des dangers à éviter, des périls à conjurer, des malheurs personnels à déplorer ou à réparer. Comment s'occuper d'autrui, même des petits enfants pauvres, pour qui la loi semble être sans protection et les cœurs sans pitié ? Aussi les fossoyeurs seuls pourraient-ils nous dire combien ils sont occupés à labourer le cimetière pour eux.

Dans ton avant-dernière lettre, tu sembles vouloir me dire qu'en dépit des bonnes conditions où nous sommes pour cultiver et conserver notre santé, nous n'en sommes pas moins exposés à la perdre par suite d'accidents particuliers à notre profession. — Soit, te réprondrai-je ; mais quels sont ces accidents? Quelques intempéries? quelques refroidissements à l'état de sueur ? — Or, je te ferai observer qu'outre la rareté des cas, qu'offrent d'ailleurs une foule d'autres professions, nous avons acquis, par notre vie en plein air, une force de constitution, une rudesse dans les pores de la peau qui nous rendent, plus que vous, invulnérables à l'attaque des maladies et plus prompts au rétablissement d'une santé ébranlée.

Si jamais tu cèdes au désir de traverser nos campagnes, ne sois pas étonné d'y rencontrer des individus secs et maigres : ce sont des hommes de fer, qui n'ont rien à démêler avec les maladies qu'ils n'ont d'ailleurs jamais connues. Le travail au grand soleil leur enlève l'embonpoint pour y substituer la santé logée dans ces muscles, qui se dessinent énergiquement sur tous leurs membres.

En est-il ainsi chez vos plus robustes citadins ? Non ; ces êtres flegmatiques, incolores comme un navet, dodus comme une volaille d'automne, et qu'on rencontre partout abrités sous un parasol, ou appuyés sur une canne, n'ont de la santé que l'apparence. Pour vous en convaincre, vous n'avez

qu'à les soumettre à la moindre épreuve, à la
fatigue la plus légère ; ils tombent alors et s'affais-
sent sur eux-mêmes comme une plante aquatique
jetée sur le rivage au temps de la canicule. C'est
ce que nous avons vu, tu le sais, lorsque parfois,
le dimanche, nous nous faisions accompagner par
eux dans quelques promenades lointaines : au
bout de quelques kilomètres, ils n'en pouvaient
plus.

Si tu ne viens pas bientôt respirer à ciel
ouvert dans nos champs, méchant obstiné, nous
avons résolu de t'attaquer dans ton dernier re-
tranchement, c'est-à-dire de te faire participer,
malgré toi, à notre bonheur, en t'expédiant, tous
les huit jours, de l'air et de la lumière dans des
outres assez volumineuses pour contenir ta pro-
vision pour la semaine. Nous ne voulons pas que
tu continues à t'asphyxier dans les fétides et téné-
breuses serres-chaudes où tu travailles.

C'est pour nous éviter pareil malheur que
M. Dubos a fait partout agrandir les ouvertures
de notre habitation. Il préfère pour nous la visite du soleil à celle du médecin le plus habile.
Toutefois, si le docteur inconnu ne trouvait pas
de malades chez nous, il y trouverait toujours
de quoi désaltérer sa monture, car, grâce à la
sollicitude intelligente de M. Dubos, nous avons

ici une belle fontaine qui alimente un abreuvoir maçonné, dont le trop-plein s'échappe dans un joli lavoir que nos femmes ne laissent jamais en repos.

Quel bonheur, mon ami, de cultiver les champs !

VI

CINQUIÈME LETTRE.

LA FORCE DANS L'EXERCICE DU CORPS.

Comment se fait-il, mon cher Gabriel, que la bonne et fougueuse locomotive, qui part de la ville suivie de tous ses wagons comme une poule de sa couvée, vienne complaisamment et tous les jours à quelques kilomètres d'ici, sans que tu daignes te laisser emporter par elle auprès de nous? Tu ne sais donc pas que ce serait une bonne œuvre, et qu'en agir ainsi, c'est contrevenir aux vues de la Providence, qui n'a inspiré l'invention des chemins de fer que pour rapprocher les hommes, multiplier les relations et cultiver les amitiés dispersées. Pourquoi ces retards, ces obstacles allégués, ces prétextes renouvelés sous toutes les formes? Oublies-tu que notre affection pour toi est invariable, et que nos bras, nos cœurs et notre bourse te sont toujours ouverts dans la mesure du possible ?

Hier, c'était l'anniversaire de la naissance de papa, le roi de la famille ; nous l'avons fêté de notre mieux. Toi excepté, rien n'y manquait : vaste soupe aux côtelettes, montagne de choux au lard, gigot de mouton à l'ail, poule farcie, salade, etc. ; et, pour dessert, certaines confitures et liqueurs confectionnées par maman et Nicolette. C'est t'en dire assez pour te faire comprendre que tout était en l'air et chargeait notre noire, longue et massive table de chêne où dominait fièrement la grosse bouteille pleine du meilleur de notre crû.

Après la prise des places et la prière habituelle, l'œuvre de consommation a commencé. Quelle saveur, quelle abondance, mais aussi quel appétit ! Cela se comprend : nous avons des estomacs d'une voracité à vous faire trembler, vous autres, gens de la ville, mais que nous savons aussi soumettre au joug de la tempérance quand il le faut.

Cet appétit, nous le devons à la santé que nous allons recueillir tous les jours dans les champs. Nous avons été occupés cette quinzaine par le sarclage des orges, des maïs, des pommes de terre et par le binage des vignes : la prochaine quinzaine, nous le serons par la fenaison, ce qui n'est pas petite besogne ; puis viendra la moisson, pleine de fatigue, de richesse et de joie, vaste magasin du Seigneur, ouvert à toute l'humanité ; la moisson sera suivie du battage, de la vendange et autres opérations. C'est à n'en jamais finir : ce qui veut dire que notre travail étant sans fin, sans fin aussi sera la santé qui pour nous en découle.

Il en est des facultés de notre corps comme de celles de l'esprit et du cœur : elles ne se développent que par l'exercice et le travail, cette grande lutte commencée par Adam contre la disette et la souffrance, et que Dieu nous enseigne par l'exemple de son incessante action, sans laquelle l'œuvre de la création s'écroulerait et tomberait peut-être en ruine.

A propos de ruine, je vais te parler d'un ruiné, l'un de nos frères d'émigration, et par conséquent d'infortune. Te souvient-il d'un jeune homme que je t'ai fait remarquer plus d'une fois comme étant mon compatriote et que je te désignais sous le nom de Jacques Ferrières ? Un grand dandy, maigre et pâle, que nous rencontrions parfois dans les rues, où il ne nous rendait jamais le salut, parce que nous n'étions que de vils ouvriers. Le lorgnon incrusté dans l'œil, les gants jaunes et la badine à la main, il marchait avec importance dans des bottes vernies, qui craquaient sur le macadam. Faut-il s'en étonner ? Il est bachelier, licencié, avocat et je ne sais quoi encore, et travaillait dans une étude d'avoué à *quarante-cinq francs* par mois pour toute ressource. Tu sais que ce sont là les émoluments ordinaires de gratte-papier, connus sous le nom de *clercs* dans les ateliers de la chicane. Ils sont l'objet de l'admiration de leurs parents pauvres, et, pour rien au monde, ils ne voudraient se voir attablés avec des ouvriers, dans la gargote où ils vont fièrement dévorer leur chétive pitance.

Jacques, pour être plus instruit et plus habile que ses compagnons de bureaux, n'en était guère plus riche, ni mieux portant. Les médecins l'ont envoyé ici, chez sa pauvre mère, pour y reprendre l'exercice des travaux champêtres et le soustraire à l'importunité des cafetiers, tailleurs, bottiers, chapeliers, etc., qui lui réclament toujours de l'argent, de la manière la plus malhonnête : ce qui est d'une impertinence intolérable à l'égard d'un lion de boulevard.

Les premiers jours de son arrivée, l'élégant citadin s'est livré aux ébats de la chasse illicite avec une grande chance, celle d'échapper à la rencontre des gendarmes et des gardes forestiers. Il y a gagné de l'appétit : il ne lui manquait pour le satisfaire que le gibier qu'il n'a pas su prendre, à moins de compter comme une prouesse une vieille pie qu'il a mise à mort sur le nid qu'elle couvait. Les jours suivants, toujours en vue du rétablissement de sa santé, il a vaillamment endossé une blouse et essayé de se familiariser avec la charrue, qui s'est grandement étonnée de se sentir saisie et gouvernée par des mains si douces et si maladroites.

Peu à peu, il s'y est fait : le voilà laboureur et bientôt capable de gagner son pain; ce qui n'est pas trop tôt; il a vingt-cinq ans ! Mais voici qui va te réconcilier avec ce pauvre jeune homme. — Avant-hier, j'étais seul à terminer mon repas, sur la pelouse, au pied d'une haie touffue qui sépare l'un de ses champs des nôtres, lorsque, sans être aperçu, je l'entendis venir s'asseoir sous la même haie, auprès de sa vieille mère. Le croirais-tu ? A travers le tissu feuillu qui m'abritait, je le vis se jeter dans les bras de cette pauvre femme en pleurant comme un enfant ! Il s'y livrait à la fois à deux sentiments opposés : le désespoir et la joie, de la manière la plus comique ou plutôt la plus triste, la plus touchante. Sa joie était d'abord d'avoir trouvé les saintes délices de l'amour filial que le malheureux n'avait point encore éprouvé jusqu'à ce jour, pour cette mère dont il avait toujours été l'idole; puis d'avoir retrouvé dans le travail des champs la santé qu'il croyait perdue pour toujours. — Son désespoir était d'avoir subi la folie de son père défunt, qui voulut se ruiner, lui et sa famille, pour faire de son fils un *monsieur*, un être stérile et malheureux dans la société où l'on n'est admis et toléré qu'à la condition de produire et conserver, et par là ne lui être point à charge.

« O mère chérie, » disait-il tout bas, mais assez haut pour être entendu de mes deux oreilles qu'il ne croyait pas si rapprochées, « mère bien-aimée, combien vous étiez bonne et sage de vous opposer à la volonté de mon père, quand, malgré vous, malgré votre amour pour moi et pour lui, il me claustra dans un collége qu'il me faisait considérer comme le chemin des grandeurs et de la gloire! Oh! combien, moi aussi, j'ai été insensé et coupable de vous avoir privée de ma présence pendant douze ou quinze ans, pour aller m'emprisonner avec du grec et du latin, et, — ce qui est plus infâme, — de n'être revenu auprès de vous, pendant les jours de vacances, que pour insulter à votre costume de village et à votre langage rustique, dont j'avais la stupide lâcheté de rougir devant mes riches condisciples! J'ai été jusqu'à dédaigner alors, avec une fierté criminelle, l'épanchement de vos sentiments d'amour et d'admiration pour moi! O ma chère mère, vous me pardonnez ces indignités, vous qui n'êtes qu'amour pour moi ; mais Dieu qui est juste pourra-t-il jamais me les pardonner ?

» Ah ! si j'avais eu assez de sens et de cœur pour résister avec vous aux désirs vaniteux de mon père, quel bonheur serait aujourd'hui le nôtre ! Ce père, il ne serait pas mort dans les dettes et le chagrin, déconsidéré, moqué, ruiné. Non, certes : il serait aujourd'hui plein de vie, d'honneur et de prospérité. Moi, je n'aurais pas dépensé les quinze plus belles années de ma vie à me rendre inhabile à tout travail ; je ne serais pas obligé de cultiver ici gauchement un sol grevé d'hypothèques et perdu pour nous. La paix et la santé n'auraient pas déserté notre foyer ; j'aurais une constitution forte, des bras puissants et exercés. Je maudis tous mes diplômes, ces étroits et inutiles morceaux de parchemin qui nous ont coûté si cher. Aujourd'hui même, je les place sous ma charrue et les enterre dans les sillons. Si comme engrais ils font pousser un épi de plus à cette récolte, tant mieux ; j'aurais au moins la consolation de penser qu'ils n'auront pas été obtenus pour rien. »

Mon cher, si cet avocat a donné là son premier coup d'essai en fait de plaidoirie, je puis t'assurer

qu'il a remporté un plein triomphe sur son audi-
toire ignoré, et cela d'autant mieux qu'il a prêché
devant un converti. Jamais orateur n'a soutenu
une meilleure cause avec plus d'âme et plus de
conviction.

Sa pauvre vieille mère, accroupie sur elle-
même et le visage caché dans ses deux mains,
pleura pendant tout ce temps-là : elle ne faisait
entendre sa faible voix que pour l'interrompre et
lui dire : « Jacques, ne parle pas ainsi; tu me
fais de la peine. » — « Ma bonne mère, » ajouta
l'avocat-laboureur, « je remercie Dieu de m'avoir
accordé l'ineffable faveur de vous trouver en plein
état de vie, et surtout de pouvoir apporter à vos
pieds l'acte de profond repentir d'un mauvais fils,
qui a résolu de consacrer tout ce qu'il a de cœur,
de force et de jeunesse, à réparer le mal qu'il vous
a fait et à vous combler de tout le bonheur dont
il vous a privée si longtemps. »

« Mon enfant, » lui répondit la mère qui san-
glotait, « tu ne parviendras à me procurer ce
bonheur complet qu'en venant avec moi te jeter
dans les bras du Sauveur, le grand, l'unique con-
solateur des affligés, et vers lequel j'ai fait monter
pour toi tant de prières depuis vingt ans. » —
« Mère chérie, » s'écria Ferrières, en embrassant
de nouveau la bonne vieille, « merci mille fois pour

ce dernier bienfait, le plus grand de tous, celui de ma conversion, qui me permettra de vous posséder éternellement : elle est encore votre œuvre, celle de vos supplications. » — Après ces paroles, il couvrit de ses deux mains son visage humide, et il se fit un long silence ; puis tous deux, mère et fils, se levèrent dans le recueillement et se dirigèrent vers la ferme.

Te dire que j'ai assisté, en secret, à toute cette scène sans en être touché jusqu'aux larmes, serait te mentir. Plus d'une fois, poussé par l'émotion, j'ai été sur le point de franchir la haie pour exprimer à ce jeune homme toute la sympathie que m'inspirait son retour à de si louables, de si nobles sentiments. Mais j'ai compris que ç'eût été troubler l'œuvre de Dieu qui s'opérait en eux à cette heure à jamais mémorable pour ces deux âmes ; je me contins.

Un ami, à qui je contais ce fait hier, me dit, à propos de la malédiction de Jacques sur ses diplômes : « Partages-tu sa manière de voir ? » — Oui, lui répondis-je. — « Tu repousses donc les lumières de l'instruction ? » ajouta-t-il. — Dieu m'en garde, répliquai-je ; la nourriture de l'esprit n'est pas moins urgente, moins indispensable que celle du corps ; mais il faut la restreindre à l'utile. Pourquoi du grec et du latin dans nos hameaux ?

Nos bœufs et nos chevaux les comprennent-ils, eux qui n'ont jamais été au lycée? D'ailleurs, pourquoi, au prix de sa liberté, de sa fortune et de sa santé, apprendre des langues mortes et enterrées depuis quinze cents ans et qui ne ressusciteront jamais?

Ce bon Ferrières, que serait-il devenu avec son bagage de diplômes, sans l'avis du médecin, de venir reprendre la vie des champs qu'il n'aurait jamais dû quitter? Il y a retrouvé avec la santé du corps, celle du cœur et de l'âme.

Quel bonheur, mon cher, de vivre à la campagne!

VII

SIXIÈME LETTRE.

LE BIEN-ÊTRE DANS LA PAIX DU CŒUR.

Vous portez-vous bien? Quel jour de l'année est celui de votre fête patronale? Telles sont les deux aimables questions que tu m'adresses par la poste. Ce qui revient à dire : Etes-vous heureux ? Quand vous réjouissez-vous? Questions de bonheur, question importante puisqu'il est l'objet de toutes les préoccupations de l'homme, celui de la tendance instinctive de tout ce qui se sent vivre. C'est pour cela que je pense à toi, pour cela que le chardonneret cherche le plantin, le papillon le soleil, le hibou, les ténèbres et le chrétien son Sauveur. C'est à la rencontre de ce qu'ils aiment que tous ces êtres doivent leur bonheur et leur moment de fête.

Quant à l'époque de la nôtre, mon cher, il faut s'entendre entre nous, car nous en avons deux :

la fête de la paroisse et celle de la ferme. La première a lieu le 8 mai, à la saint Désiré, très-désirée, en effet, par la jeunesse mondaine qui s'y livre à tous les bruyants ébats de la danse. Elle ne dure qu'un jour, l'espace d'un rêve. La nôtre, celle de Leschaux, nous arrive avec la Saint-Félix, le 20 novembre, et dure 365 jours et quelquefois 366. — Trois cent soixante-cinq jours? diras-tu; cela n'est pas possible! Tout au plus un roi pourrait-il se permettre ces extravagances; mais vous! Quelles dépenses ne vous faudrait-il pas faire pour alimenter des plaisirs toujours nouveaux ou toujours renouvelés pendant un temps si prolongé!

— Eh bien! mon ami, ce qu'un roi, même opulent, ne pourrait probablement pas faire, nous le réalisons. C'est que nous avons à notre disposition des trésors peut-être inconnus des monarques. Ils sont au nombre de trois, et tu peux venir y puiser à discrétion sans crainte de les voir jamais tarir. Ces trésors sont la religion, la paix du cœur et la gaieté.

Nous sommes nécessairement religieux, car nous sommes en continuels rapports avec Dieu, notre excellent Maître, l'unique propriétaire de notre incommensurable atelier, et de qui nous recevons tous aides et secours pour aboutir à bien, c'est-à-dire à de bonnes récoltes. La pluie et le beau temps, le chaud et le froid, la succession des saisons, celle du jour et de la nuit, etc., tout est arrangé dans ce but et marche sous sa direction. Ah! si tu savais quelle bonne compagnie que celle du Seigneur! Quelle assiduité, quelle action, quelle sollicitude! A la ville, c'est tout autre chose : l'homme n'y vit qu'avec l'homme, ne voit et n'entend que l'homme, n'espère qu'en l'homme, ne compte qu'avec lui et ne craint que lui. Ici, Dieu partout!

Puis, nous avons la paix du cœur; nous sommes contents. Aucune passion violente ne nous agite, ne nous tourmente; nous avons dans la séve de la terre des richesses à venir, et, quant au présent, nos greniers sont pourvus. Mais vous, pauvres citadins, vous êtes dévorés par l'amour des plaisirs, de la fortune et de la gloire, quand vous ne l'êtes pas par l'affreuse misère.

Enfin, nous sommes gais, — la gaieté, c'est la vie ; — nous sommes gais parce que nous sommes heureux. Chez vous, l'on est sombre, soucieux, affairé, troublé par la fièvre du gain, par la crainte des revers, par la rage des concurrents, par le spectacle de l'indigence qui fait pitié et par celui du luxe qui fait envie.

Dans les conditions si favorables où tu nous trouves, comment veux-tu qu'il soit besoin de répondre à la question que tu m'adresses relativement à notre santé? Tu comprends sans doute qu'avec la gaieté, la paix de l'âme et la religion, véritable santé du cœur, on ne peut manquer de jouir de celle du corps.

— Mais vous ne sauriez, m'objectait à ce sujet quelqu'un de la ville, vous ne sauriez être toujours sans quelque oubli de la présence de Dieu, sans quelque désir violent et contrarié, sans quelque mauvaise humeur et quelque maussaderie. — Sans doute, lui répondis-je, lorsque la maladie, la mort ou tout autre accident viennent apporter chez nous ou dans le voisinage, la souffrance ou le deuil, nous sommes troublés. Mais ce sont là des exceptions dans la manière ordinaire de notre vie, un nuage fugitif qui ne fait que passer devant notre soleil.

A qui vit aux champs, il est difficile d'oublier Dieu, qui y agit constamment sous nos yeux dans les grandes comme dans les petites choses. Puis, chez nous, dont la vie est simple, exempte d'ambition, une bouffée de mauvaise humeur n'a rien de sérieux ; un refrain de vieille chanson a bientôt dissipé cette fumée sans foyer.

De toutes les peines qui peuvent troubler la source de nos modestes joies de famille, il en est une bien réelle et bien persistante, qu'il ne tiendrait pourtant qu'à toi de dissiper : c'est la pensée de ton absence. Ton nom et ton éloge reviennent souvent dans nos conversations et toujours avec quelques variantes et quelques découvertes à ton avantage. Que n'es-tu donc des nôtres, que ne viens-tu plus souvent nous voir? Tu nous allègues toujours ton indigence quand nous te pressons sur ce point! Tu nous attristes. L'indigence! Ah! mon ami, c'est une lèpre dont il faut te débarrasser comme nous! Le même remède produira le même effet. Il consiste (voilà mille fois que je te le répète), à venir puiser dans nos champs à cette source d'abondance que Dieu nous tient ouverte, et qu'on nomme l'agriculture. O mauvaise tête, enfant perdu d'une civilisation mal entendue, quand prêteras-tu l'oreille à nos sermons? Quelle rude besogne que celle de prédicateur! Avec des miracles dans les mains, à peine peut-on obtenir quelques conversions!

Cette semaine nous avons eu le dos courbé sur la faux. A deux heures du matin, elle résonnait sous la pierre noire, la pierre à aiguiser : ric rac, ric rac, ric rac; car il faut pour l'opération du fauchage profiter des heures où le foin est chargé de rosée. L'humidité y est indispensable; sans cela l'herbe fine échappe aux coups de la faux les plus énergiques. Mais je dois t'avouer que parmi tous les travaux auxquels nous soumet le métier d'agriculteur, il n'en est pas d'aussi pénible que celui du fauchage et qui exige un effort aussi constant de toutes les parties du corps à la fois.

Pourtant, il se fait gaiement. Nous sortions du logis tous les matins avant l'aurore, la faux sur l'épaule et le coffin à la ceinture, marchant au pas d'un joyeux refrain, tour à tour abandonné et repris, puis remplacé par le calembour et autres gais propos qui finissaient bientôt par faire place au bruit crépitant et simultané de quatre faux poussées par quatre faucheurs échelonnés l'un devant l'autre. Chacun s'ouvrait un large chemin comme celui que fait le balayeur de vos rues.

Le foin attaqué par ces quatre grands rasoirs à la fois tombait en andains jusqu'à neuf heures. A ce moment arrivait bientôt le déjeuner, contenu dans un grand panier suspendu au bras de Nicolette ou de Régine, notre domestique. C'est alors qu'assis en rond autour de la casserole déposée sur la pelouse à l'ombre des saules, nous nous livrions au copieux repas si impatiemment attendu. Moi, plus prudent que quelques autres, j'évitais toujours, à l'état de sueur, de me placer à l'ombre trop fraîche et surtout d'y dormir, sachant que la maladie et la mort y guettent leur proie.

Pendant ce temps , femmes , filles et enfants armés de fourches, éparpillaient les andains, les tournaient et les retournaient sous l'action d'un soleil si chaud qu'il semblait avoir été créé tout exprès. Parmi tout ce monde , il y avait, le croirais-tu ? Lisette Poncet, la petite orpheline dont nous allions avec toi visiter la famille encore plus pauvre et plus malade que nous. Nous l'avons recueillie à la prière de Nicolette qui l'avait prise en affection. La chère enfant se rétablit à vue d'œil ; tu peux affirmer à sa vieille tante qu'elle ne la reconnaîtrait plus, tant vite elle a repris force et couleur. Ce nous sera une nouvelle sœur , une compagne de travail et de jeu pour Marianne et Théophile. Elle n'a déjà plus cet air honteux , triste et stupide que la misère imprime au front de ses victimes : elle est devenue toute gaie, toute délibérée , leste et travailleuse ; pour rien au monde elle ne voudrait retourner à la ville. Voilà un fait de plus pour prouver la salutaire influence de la campagne sur la santé.

Ah ! si toutes les mamans des villes s'éprenaient un jour de la bonne idée de nous expédier leurs enfants maladifs, nous pleuplerions nos hameaux d'êtres qui béniraient la Providence pour le bien-être , la vigueur et la santé dont ils jouiraient pendant le cours d'une longue existence ! Car, je te le répète, c'est à la campagne seulement qu'on trouve tout pour former et développer une bonne constitution. Alimentation saine, exercice corporel, pureté d'air et de mœurs, jovialité du cœur, et, ce qui vaut encore mieux, sentiment de la présence de notre Père céleste.

Y a-t-il dans tout cela quelque chose qui te convienne? En cas d'affirmative, viens. Nous trouverons chez nous ou dans le voisinage quelques moyen de t'utiliser dans nos cultures à moitié fruits. Ce mode d'exploitation est, pour le fermier et pour le propriétaire, le plus naturel, le plus simple, le plus équitable et surtout le plus productif. Aussi M. Dubos n'en veut-il pas d'autre.

Quel bonheur, mon ami, de cultiver les champs!

VIII

SEPTIÈME LETTRE.

PAS DE DESTITUTION A CRAINDRE. — PAS DE CLIENTÈLE
A PERDRE.

Je viens de recevoir une lettre de François Louvet, l'ancien aspirant au brevet d'instituteur, qui, après avoir échoué, fut employé chez notre patron, comme tu sais. Il m'apprend que plusieurs de nos amis ont subi bien des sortes de tribulations : les uns dans leurs affaires, les autres dans leurs situations. Et toi, mon cher Gabriel, qui résides sur les lieux mêmes, tu ne m'en dis rien ! Hélas ! je n'en comprends que trop la cause : tu es séquestré dans ton atelier enfumé, où toutes les heures de ta journée sont vendues d'avance à ton patron et absorbées par le travail quand même. Comment y apprendre ce qui se passe au dehors de tes murs, si ce n'est dans tes trop fréquentes semaines de chômage ? Eh bien ! permets-moi au-

3

jourd'hui de t'informer de ce qui se passe autour de toi.

Claude Loisy, domestique chez M. Rigolet, en a été renvoyé brutalement, ces derniers jours. Le motif, c'est qu'en courant dans un corridor obscur pour se rendre où l'appelait son service, le mal éduqué a heurté le petit vilain chien de madame, qui, à l'ouïe du cri de la bête adorée, est tombée dans une crise de nerfs des plus ébouriffantes. Là-dessus, expulsion immédiate de l'étourdi.

Marie Gouly, la modeste et jolie femme de chambre de Mme Gauthier, est revenue ici déshonorée par son maître, et chassée par sa maîtresse, qui a refusé de lui livrer ses hardes et de lui payer son gage : choses qui se voient tous les jours. Toute la paroisse est scandalisée, et la mère pleure sur le malheur de sa fille. Allez donc être domestique à la ville !

Joseph Flochon, l'ancien savetier, devenu marchand au coin de la petite rue Lalande, est ruiné par l'impossibilité où il s'est trouvé de recueillir assez tôt les fonds de son petit commerce pour effectuer un paiement. Le voilà de nouveau, criant par les rues, la hotte sur le dos, s'adressant à tous les étages pour demander à gagner le maigre déjeuner qu'il obtiendra peut-être avant la nuit.

Julien Moissonnier, si fier d'avoir mis en boutique d'épicerie le petit héritage qu'il a recueilli de sa tante, la fermière du Manel, est flambé : il a perdu sa clientèle, son avenir et son pain. Pourquoi et comment ? On ne le sait pas : demandez au public le motif de ses fantaisies ! Tel marchand est aujourd'hui en vogue, tout accourt chez lui, tout y afflue, qui le lendemain est abandonné de tous ; le voilà seul et triste au fond de son magasin comme l'araignée au fond de sa toile : on l'évite, on le fuit, c'est un lépreux. Hélas ! sa lèpre, elle commence ce jour-là même ; c'est la chute de son commerce, la ruine et la pauvreté.

M. Desrieux, si bon pour les pauvres gens, dont il était l'espoir et la providence dans la mesure de son pouvoir, vient d'être destitué ou révoqué pour une cause qu'on ne dit pas, mais qui le rend encore plus recommandable dans l'opinion publique. Cet homme si modeste et si doux n'en est pas moins sans ressource et sans protection.

Une autre fois, je pourrai t'envoyer le reste de la liste de ces infortunés amateurs des villes. Faut-il s'étonner de leurs déboires ? Non, mon ami ; rien n'est plus fréquent, plus journalier, et cela se conçoit. On y est aux prises avec la mobilité de la vogue, le jeu du charlatanisme, les caprices du hasard, les coups de massue d'une concurrence implacable. De là ruine et spoliation imprévue et imprévisible, c'est tout naturel. Aujourd'hui pour l'un, demain pour un autre, après-demain pour un troisième et ainsi de suite : chacun y a son abîme qui l'attend dans le chemin.

Le bon Dieu nous donne ces leçons sur la tête des citadins, pour nous mieux faire apprécier le bonheur dont nous jouissons aux champs. Chez nous, point de crédit, point de clientèle à perdre ou à conserver, point d'asservissement aux capriceis d'un public toujours despote et souvent cruel, point de crises de nerfs à redouter chez nos femmes, point de destitution ou de révocation à subir. Quittons-nous une ferme ou une métairie? dix autres nous sont ouvertes, si nous sommes ce qu'on doit toujours être : probes, actifs et intelligents au métier. N'eussions-nous pas de métairie à notre disposition, que nous trouverions partout des champs plus ou moins étendus à cultiver aux mêmes conditions : partout ressources inépuisables.

Un propriétaire d'usine, à qui je reprochais l'autre jour d'être, pour sa part, la cause de la dépopulation de nos hameaux et du dénûment des malheureux qu'il recrute pour grossir la phalange de ses esclaves, essayait de soutenir que l'agriculture n'offrait pas moins de déceptions que l'industrie;

qu'on avait à y redouter les années de stérilité,
les ravages de la grêle et la mortalité du bétail. A
cela je répondis, comme M. Dubos et tous les
autres connaisseurs, que la stérilité n'est pas seulement rare, mais encore incomplète; le blé man-
que-t-il? on a le maïs, les orges, la pomme de
terre, etc., et réciproquement; — la grêle n'at-
teint le même sol qu'une fois en moyenne, dans
l'espace de trente ans; encore ses dégâts sont-ils
partiels et très-restreints sur le territoire qu'elle
frappe; — quant à la mortalité du bétail, je veux
dire l'épizootie, elle est, grâce à Dieu, plus rare
encore.

D'ailleurs, contre ces dangers, les deux derniers
surtout, on trouve pleine sécurité dans l'associa-
tion entre habitants d'une même commune ou
d'un même canton; ce qui n'offre aucun déboursé
à faire en cas d'absence de sinistre. C'est ce qui
se pratique dans la Brie et la plupart des dépar-
tements du nord de la France.

Tu le vois, chez nous, pleine indépendance d'une
clientèle fantasque, d'une concurrence inique et
d'une autorité arbitraire : les sinistres même y
sont rares et impuissants. D'où il faut conclure
que nous vivons ici à l'abri des disgrâces du temps
et du caprice des hommes.

Ces désastres du petit commerce me font grand'-

peur pour la famille Hudot qui, comme tu le sais, a toujours été si bonne pour nous au temps de notre triste résidence à la ville. Que feront-ils de leur magasin d'épicerie et de leur bail de dix ans, maintenant qu'un percement de rue nouvelle a rendu la leur toute déserte? Te souvient-il qu'un soir les Pouilland, qui travaillaient avec nous à la manufacture de M. Olard, allaient partir furtivement pendant la nuit, sans payer la pauvre épicière, si je ne me fusse hâté de lui apprendre que ces gens venaient de recevoir le salaire de la quinzaine et la presser de bien vite accourir pour se faire solder? Chère Mme Hudot, comme elle me remercia pour ces 82 francs 60 centimes !

Toujours cette honnête famille m'empêchera de médire sans restriction de la classe mercantile, dont la profession consiste à se placer entre le producteur et le consommateur, pour les servir, en prélevant quelque *petite* chose sur l'un et sur l'autre. Les Hudots n'étaient pas de ceux dont un nommé Bossuet disait qu'ils débitent plus de mensonges que de marchandises.

Nous aussi, nous avons fait les marchands, avant-hier. A trois heures du matin, nous étions sur pied. Un quart d'heure après, chaussés, guêtrés, en blouse et coiffés d'un bonnet surmonté d'un chapeau, nous déjeunions devant un saucission et une bouteille de vin, mais debout et le bâton à la main, prêts à partir pour la foire de Chercey. Cornet, qui était de la partie, nous regardait, dressant l'oreille à chaque bouchée, et aboyait quand les siennes étaient moins grosses ou moins nombreuses que les nôtres.

Quelques minutes après, grand bruit dans la cour et par les chemins. L'aboiement de l'intrépide, autour du troupeau bêlant, nous assourdissait. Les pauvres brebis mères pleuraient leurs agneaux emprisonnés dans la bergerie : c'était pitié. On dit qu'il s'est formé une société protectrice des animaux : elle devrait bien intervenir pour nous empêcher de commettre ces méchancetés. Il me semble que rien n'est plus digne, plus royal que la pensée de cette société, et qu'on ne peut plaire à Dieu qu'autant qu'on sympathise avec l'esprit d'humanité qui l'inspire. C'est pour me maintenir dans ces beaux sentiments que j'abhorre les bouchers ; mais par malheur j'adore les côtelettes que maman nous sert quelquefois le dimanche.

Revenons à la foire. Vendues et payées comptant, nos brebis s'en sont allées je ne sais où ; peut-être vers quelques forêts pleines de loups, peut-être sous le couteau des bouchers ; dans tous les cas vers quelque fin tragique. « Dieu nous reprochera-t-il cet abandon ? » me disait ce matin Nicolette.

En notre qualité de copropriétaire du cheptel, nous avons partagé le prix de vente avec M. Dubos, qui nous en a remis la moitié ; cela a fait agréablement renfler le gousset de papa, qui n'échangerait pas sa position de simple fermier ou métayer contre celle d'empereur de toutes les Russies.

Toujours précédés de Cornet, qui selon son habitude court çà et là, flairant, furetant, aboyant, nous sommes rentrés un peu tard, crottés et fatigués, mais contents : nous savions le bon accueil qui nous attendait au logis, où ma mère et Nicolette nous ont gaiement débarrassés de nos bâtons, de nos manteaux, de nos guêtres et de nos gros souliers ferrés. Sur la table, où abondait un souper préparé selon nos goûts, papa a déposé les écus qui, en tombant les uns sur les autres, chantaient de petites notes argentines, qui formaient une musique des plus séduisantes et des plus dangereuses ; car elle fait souvent naître en nous cette triste et abrutissante monomanie qu'on appelle l'avarice.

Sept cent soixante-dix-huit francs brillaient là, empilés sous nos yeux : c'était bien beau ; mais nos estomacs affamés nous disaient qu'une pyramide métallique, fût-elle d'or et grosse comme les

Alpes, ne vaut pas un petit plat de pommes de terre, quand il s'agit de souper. Maman s'empressa d'aller placer dans le tiroir cet argent qui est venu s'ajouter ainsi aux autres sommes reçues lors des précédentes ventes de bœufs, de porcs, de volailles, de blé, d'orge, de seigle, de maïs, de vin, etc. Elle nous assura qu'en voyant tant d'espèces sonnantes s'accumuler dans ce tiroir, elle crut entendre au fond de son cœur une secrète voix lui dire avec saint Paul : « Prends garde, l'amour des richesses est la source de tous les maux. » C'est cette vérité que les tribunaux ne cessent de démontrer d'une manière si péremptoire et parfois si terrible.

A l'occasion de cette dernière vente, Lisette, notre jeune orpheline, a reçu de Mme Dubos une robe toute neuve, ce matin, au moment de partir pour se rendre au service religieux. Je te laisse à penser quels ont été sa joie et ses remercîments. Elle s'en est parée aussitôt sous les yeux de Madame, qui lui a dit que c'était pour l'encourager à bien paître et bien garder les troupeaux, en compagnie de Marianne et de Cornet. Aussi, jamais promesse n'a été faite avec plus de plaisir, et ne sera tenue avec plus de fidélité que celle de Lisette.

— Eh! qui t'a donné cette jolie robe? lui disaient

en chemin ses petites camarades. — C'est le bon Dieu, répondait-elle. — Et il te l'a envoyée du paradis? — Oui. — C'est donc par un ange? — Oui, précisément, répondait-elle toujours. — Vraiment! j'aurais bien voulu le voir, ajoutaient les autres d'un air d'incrédulité. — Si vous y tenez tant, je vous le ferai voir aujourd'hui même à l'église, dit l'orpheline. — A l'église! — Oui-da! cet ange, c'est Mme Dubos. — En effet, c'est bien un ange de bonté, se dirent alors ensemble les jeunes filles.

Quel bonheur de vivre à la campagne! mon pauvre ami.

IX

HUITIÈME LETTRE.

PAS DE LUXE A SUPPORTER.

Il y a trois ans aujourd'hui que pour la dernière fois j'assistais à la ville aux saints offices célébrés dans la cathédrale, en compagnie de toi et de Lucien Groulot. C'était un jour de ces grandes fêtes où la dévotion semble se réfugier dans la parure. Aussi quel éclat de luxe et de toilette ! que d'équipages et de cochers ! que d'or et d'argent gaspillés ! et combien nos mœurs, nos goûts rustiques sont modestes, simples, économiques, comparativement à ce qui se voit chez vos citadins qui ont échappé à l'indigence ! Quel dommage que ces bijoux ne soient pas employés à amender le sol de nos prés, de nos terres et de nos vignes ! à doubler la quantité de bétail de nos étables !

Il me souvient de m'être arrêté ce jour-là à

contempler une de ces idoles, de ces poupées vivantes et enfarinées. C'était une fluette demoiselle, qui portait à ses oreilles une paire de gros bœufs sous forme de pendants; à son doigt annulaire, un beau cheval de prix, dans la valeur d'une bague; à son bras, tout un troupeau de brebis, sous le nom de bracelet, et sur ses épaules, la récolte de toute une grande métairie, sous la forme d'un cachemire.

Oh! me disais-je que deviendrait cette demoiselle noyée dans ses flots de dentelles, si le bon Dieu, pour la guérir de tant d'orgueil, rendait à l'état de nature tout cet attirail de futilités? Elle serait écrasée sous le poids de ses gerbes et de ses quadrupèdes, bêlant, hennissant, mugissant. Et pourtant il y avait peut-être là, à deux pas, dans les recoins obscurs de l'église, quelque famille probe, irréprochable, manquant de pain, de vêtements et de logis, et chez qui la valeur d'un bout de ces chiffons eût apporté l'abondance pendant toute une semaine.

Ce sont là des extravagances qu'explique ou légitime la fortune; mais ce qui ne s'explique pas, c'est la rencontre de petits et stupides esprits qui approuvent ces excès, même chez la classe ouvrière. — Quoi! disent les uns, si les travailleurs font des dépenses, c'est qu'ils le peuvent. — C'est qu'ils le doivent, ajoutent les autres ; ne faut-il pas faire aller le commerce? — Deux erreurs des plus funestes : c'en est une de croire qu'ils le puissent ; la plupart de ceux qui cherchent à briller, dépensent plus qu'ils ne gagnent ; c'en est une autre de penser que ce soit là favoriser le commerce ; est-ce le favoriser que de se mettre dans l'impossibilité de payer ces folies? N'est-ce pas, au contraire, voler le vendeur trop confiant et par là tuer le crédit? — D'ailleurs, la parade d'un superflu mensonger est immorale : elle est presque toujours l'enseigne de quelques secrètes et vilaines choses.

— A qui donc permettrez-vous la fantaisie du luxe? me demandait un jour à ce propos Mme Arnault, tante de M. Dubos. — A tout le monde, madame, lui répondis-je ; mais je voudrais ne le rencontrer nulle part. Ni chez les riches, parce qu'il y est un objet d'envie ou d'émulation désastreuse ; — ni chez les pauvres, parce qu'il y est une imposture ou le chemin de l'hôpital.

— Voulez-vous savoir, ajoutai-je, l'effet qu'il produit sur nous autres, habitants des champs? Voyez ce qu'il arrive lorsque, de notre sillon, nous apercevons sur la route un brillant équipage. Au lieu d'admirer, comme on le croit, nous faisons en nous-même un brin de raisonnement et nous

nous disons : « Voilà un vaniteux ou un fripon qui
passe : un vaniteux, s'il est riche, en s'efforçant
d'éblouir le soleil et d'attirer nos regards ; un fripon, s'il est pauvre, en trompant l'opinion publique sur sa condition et l'état de sa fortune. »
Vous voyez, madame, que dans les deux cas, on
perd de notre estime à se montrer ainsi à nos
yeux.

Si jamais tu viens jouir de la vie champêtre,
mon cher, tu comprendras, en voyant nos
jeunes filles, qu'ici on n'a point oublié, comme
chez vous, que la candeur et la modestie sont le
plus bel ornement de la femme ; au premier coup
d'œil, tu sentiras qu'elles ont trouvé le talent de
plaire sans richesse, sans bijoux et surtout sans
prétention. Elles savent que l'excès de toilette est
une sorte d'intempérance, qui produit chez les
femmes le même désordre moral que l'excès de
vin chez les hommes, et elles s'en abstiennent.

Aussi maman nous disait-elle, il y a quelques
jours, qu'elle remerciait Dieu de lui avoir permis
d'éloigner Nicolette de la ville au moment où, devenue grande, elle allait être aux prises avec le
désir contagieux des vaines parures. « Hélas ! ajou-
tait-elle, quelques années, peut-être même quelques mois de plus, et ma bonne Nicolette eût été
pervertie, perdue ! Si l'amour de l'éclat a poussé

tant de grandes dames au malheur et à l'oppro-
bre, que n'aurait-il pas fait de ma fille, elle, pauvre, isolée, sans appui au milieu de tous les
piéges, de toutes les séductions du vice ?

» Comment y aurait-elle échappé? Vous n'ignorez
pas combien les trottoirs des grandes villes sont
remplis d'hommes impurs, qui obsèdent à chaque
pas la jeune ouvrière qu'ils accostent, pour lui
chuchoter à l'oreille des obscénités et lui mar-
chander son innocence. Heureuses celles qui re-
poussent l'or et le flair de ces êtres dangereux qui
portent au foyer indigent la honte, le remords et
le désespoir !

» Oh ! mes enfants, qui pourrait vous dire les
milliers de cadavres de jeunes filles que ces misé-
rables ont envoyés à la morgue, sans compter les
victimes du charbon, et les infortunées qui,
n'ayant plus rien à perdre aux yeux du monde, se
sont réfugiées dans le seul asile qui leur fût encore
ouvert : celui de l'infamie.

» Je tremble, disait-elle encore, quand je pense
aux périls où sont exposées les petites malheu-
reuses qui abandonnent le toit de leur mère et la
vie des champs, pour aller s'aventurer dans les
grandes villes, à la recherche d'un emploi de servante ! Pauvres mères, si vous saviez ce qu'elles
vont servir et à quoi elles aboutiront probable-

ment, vous pleureriez bien fort ! Un bout de ruban dans les mains de quelques débauchés suffira pour les attirer et les conduire de degrés en degrés jusqu'au fond de l'abîme qui n'a pas de nom. Que ne peut-on leur ouvrir l'esprit sur l'étendue de tant d'imprudence? »

Mais pourquoi parler d'imprudence, moi qui vais en commettre une grosse, si après avoir ainsi blâmé les débauches du luxe citadin, je viens t'annoncer que nous l'avons pratiqué en grand, ici-même, à Leschaux. Que vas-tu penser de nous? Quel être inconséquent ne serais-je pas à tes yeux ! Le fait est pourtant vrai : nous venons de faire les frais de toilette d'une grosse coquette que nous avons toute vêtue de blanc, comme pour un jour de noce. O mœurs! ô scandale !

Eh bien ! mon ami, rassure-toi ; cette coquette, c'est notre métairie dont nous avons blanchi à la chaux tous les murs, badigeonné toutes les chambres, toutes les cheminées, toutes les étables, comme on fait au pays de Lorraine, où cette antique et bonne coutume est généralement suivie. Oh ! qu'elle est belle à voir maintenant, notre métairie ! et qu'on l'aperçoit de loin sous sa robe de neige, au sein des arbres touffus et des vertes moissons qui couvrent notre coteau !

Ce blanchissage est, comme chez les Lorrains,

une opération annuelle que nous n'avons jamais manqué de faire subir à nos murs, quelques jours avant la fête patronale — (où pour répondre à nos invitations, tu t'empresses toujours, hélas! de grossir le nombre des absents). — Ne doit-on pas blanchir sa demeure comme on blanchit son linge? et serait-ce trop exiger d'une métairie que de lui faire changer de chemise au moins une fois l'an?

M. et Mme Dubos, témoins de notre travail de peintres, étaient là, approuvant et admirant le jeu de nos balais qui nous servaient de pinceaux, lorsque, à l'improviste, arriva brusquement le facteur rural dont le chien nous effaroucha une belle couvée de poussins. Deux d'entre eux, en voletant, se culbutant, tombèrent dans le baquet à chaux et s'y étouffèrent, malgré notre empressement à les secourir. M. Dubos n'en déplia pas moins son journal qu'il venait de recevoir, et dont il nous lut quelques nouvelles, entre autres celle du suicide de deux époux désespérés d'avoir perdu leur petite fortune. Ils étaient ruinés; et comme ils avaient tous les deux également contribué au malheur commun, la femme par trop de toilette, le mari par trop d'estaminet, ils ont trouvé plus simple de se supprimer du nombre des vivants que de se corriger de leurs défauts.

Les malheureux ! ils ont osé, couverts du sang des meurtriers, aller comparaître devant Dieu, dont ils viennent de détruire l'ouvrage! Pour échapper à des regrets de quelques jours, les insensés ont pris le parti de se livrer à des regrets éternels!

— Est-ce dans une ville qu'est arrivé ce malheur? demandai-je. — Oui, certes! comme toujours, répondit notre liseur de nouvelles : nous n'avons heureusement pas d'estaminets aux champs. Ils y seraient d'ailleurs peu dangereux ; les flâneurs n'y seraient pas supportés.

— Pauvres femmes! dit à ce sujet Mme Dubos ; l'amour du brillant est pour elles, ce qu'a été pour ces poussins le baquet de chaux : si comme eux elles y tombent, comme eux elles y périssent.

— Cependant, fit observer Nicolette, si ces poussins eussent été assez forts, ils ne s'y seraient pas noyés. — Non, ma fille, probablement ; mais ils en seraient sortis bien malades et bien plumés, à coup sûr. Ainsi des petits propriétaires qui glissent dans cet abîme.

— Mais, ma chère tante, dit une jeune citadine, nièce de Mme Dubos, ne sera-t-il donc pas permis de chercher à plaire aux honnêtes gens? Faudra-t-il se mal fagoter toutes les fois que l'on aura à se placer sous les regards du public?

— Nullement, lui répondit la bonne tante ;

rien, au contraire, n'est plus louable, plus approuvé que le désir de plaire. Ce désir est la base de cette politesse du cœur qui transforme toute la personne et fait le charme de la société. La modestie et la bonté de l'âme, la réserve et l'enjouement de l'esprit, la bonne tenue et la propreté des vêtements, sont autant de moyens infaillibles et légitimes de plaire dans le milieu où nous vivons : la richesse de la mise n'y est pour rien. Voulez-vous vous en convaincre ? Voyez les jeunes ouvrières défiler dans les rues de Paris à l'heure de se rendre aux ateliers : il y en a dont tous les vêtements ne valent pas cinq francs, et pourtant, comme tout cela est propre, grâcieux, charmant ! Effet du *goût* et de la *bonne confection;* deux choses cent fois plus séduisantes que toutes les ressources de la dentelle et de la bijouterie ! Mais notez bien, mon enfant, que tous ces moyens de plaire n'ont rien de commun avec le luxe, qui est *l'art de déplaire* en blessant l'orgueil et les prétentions de chacun ; car vous savez qu'il est la montre du surabondant, l'étalage audacieux d'objets payés bien chers et qui n'ont de valeur que dans l'imagination des sots. Voilà ce que je réprouve, ce que nous réprouvons tous, et ce que le Sauveur, le souverain maître du monde, a réprouvé lui-même pendant tout le temps de son séjour sur la terre.

— Comment ramener dans les limites du convenable le goût de certaines femmes égarées par l'amour outré de la toilette? demandait un jour Mlle Dubos à notre excellent pasteur. — Par un procédé bien simple, bien facile, mais qu'il s'agit de vouloir employer, répondit-il. — Seriez-vous assez bon, monsieur, pour consentir à nous l'enseigner? — Mon enfant, je cède à votre désir. Ce procédé consiste à venir chaque jour se prosterner pendant une heure devant la croix où notre Sauveur a été cloué pour toutes les iniquités que l'orgueil et la vanité nous ont fait commettre, et à méditer sur l'état de notre âme, en présence de l'infinie bonté de Dieu à notre égard. En ce faisant, vous sentirez naître et se développer en vous l'horreur du péché et de vous-même. Une seule toilette alors vous semblera belle, la toilette de noce où nous invite le céleste époux; une seule coiffure vous paraîtra désirable, la couronne que le Seigneur réserve à ses enfants victorieux.

— Merci, monsieur, dit Mlle Dubos; si jamais la la maladie contagieuse du luxe vient à nous atteindre, nous connaîtrons le remède et le médecin auxquels nous devrons recourir. — Ne craignez rien, sous ce rapport, répliqua le saint homme; ici, vous êtes loin du foyer de la contagion. L'air des champs est salutaire au cœur comme à la bourse : en fuyant les villes vous avez échappé au fléau de la vaine parure, des folles dépenses et du déshonneur.

— A quoi bon le luxe à Leschaux ? ajouta-t-il ; vous y manquez de regards et de flâneurs pour contempler ces extravagances. D'ailleurs, comment rivaliser d'éclat avec ce qui vous environne? Les oiseaux de vos taillis seront toujours mieux vêtus que vous, et les plus humbles fleurs de vos coteaux, toujours plus belles.

Quel bonheur de cultiver les champs ! mon cher.

X

NEUVIÈME LETTRE.

Nous venons de marier Jules Landrault et Gertrude Gaucher : deux personnages que je t'ai déjà fait connaître dans une précédente lettre et qui comptent parmi nos amis; motifs de plus pour t'y intéresser.

C'est avant-hier que la noce a eu lieu : elle est partie à huit heures du matin de la métairie de Sarlanche, où résidait la belle fiancée, pour se diriger vers l'église et la maison commune. A dix heures, nous avions fini de poser devant l'écharpe et la robe : le mariage était consommé. L'Eglise et l'Etat venaient encore une fois de donner un démenti à l'arithmétique, en prouvant que deux unités, l'homme et la femme, ne font qu'un.

De ce pas, retour triomphant et joyeux à la

ferme où le déjeuner nous attendait : les mariés, tout fleuris, marchaient les premiers, suivis de soixante à quatre-vingts conviés, sans compter l'invincible Cornet qui, toujours la queue en l'air et l'oreille au vent, précédait la foule et dirigeait le cortége.

En voyant si gais, si proprets, si délurés, nos forts garçons et nos gentes filles, je me disais : « Voilà une jeunesse telle que le bon Dieu l'a faite : belle, d'une beauté pure et primitive, que le vice et le contact des villes n'ont point altérée, point empoisonnée, et, ce qu'il y a de plus heureux, c'est que cette beauté s'ignore. »

Mes réflexions là-dessus allaient leur train, quand elles furent troublées par l'arrivée d'un cabriolet qui nous atteignit à l'entrée de la métairie. De ce cabriolet sortit aussitôt une belle inconnue, dame de haute condition, paraissait-il, et qui, sous une mise éblouissante, courut se jeter au cou de Gertrude étonnée et honteuse de tant d'honneur. On ouvrait de grands yeux ; on se demandait à l'oreille quel pouvait être ce brillant personnage. Le brillant personnage parla !... O ébahissement ! c'était Mellina Turaud, ou plutôt la Turaude, vilaine fille, née dans l'un de nos hameaux, à présent femme de chambre à la ville, et qui, sous sa toilette pimpante, était vraiment méconnaissable. Elle s'était rendue au désir exprimé par une lettre d'invitation de la fiancée, dans le but de nous faire admirer ses bijoux et l'éclat de son étalage à la mode ; mais nous nous y refusâmes et l'on s'attabla.

Grand fut l'appétit, comme toujours ; mais aussi délicieux et abondant était le menu du service : rien n'y manquait dans l'ordre du convenable. Vers la fin du repas, lorsque nos petites libations, souvent répétées, commençaient à nous envoyer des tintements sous les tempes, Mellina nous dit de sa voix la plus endimanchée : « Eh bien ! maintenant qu'au flambeau de la joie nous voyons plus clair, désapprouvez-vous encore ma toilette ! ne voudrez-vous pas, comme moi, suivre la mode ? »

A cette question inattendue, nos filles modestes et sages se firent un clignement d'œil, et prirent à l'unanimité le parti de la désapprouver de la manière la plus cruelle, et pour cause, ainsi que tu vas voir.

— C'est à toi qu'appartient l'honneur de répondre la première, belle mariée, dit-on à Gertrude : nous t'écoutons. — Moi ! répond-elle, j'obéirai aux folies de la mode quand je voudrai plaire à d'autres qu'à mon mari ; je serai *coquette* lorsque je voudrai être *coquine*, c'est-à-dire jamais. Et là-dessus les deux beaux mariés s'embrassèrent si vigoureusement et firent claquer deux si gros baisers, que tout le monde applaudit des pieds et des mains. — Tant que tu seras bonne et sage, tu seras pour moi toujours assez à la mode, va! dit Landrault à sa belle couronnée.

— Et toi, Perrine? — Moi non plus, je n'en veux pas, répond une jeune fille; pour suivre la mode, il faut se soumettre à ses caprices, subir le corset et autres tortures qui ne tarderaient pas à m'envoyer au cimetière avec Louise Cottin, la bonne de Mme Chevillard. A force de se serrer et de se busquer dans tous les sens, pour s'affiner la taille, elle n'a réussi qu'à plaire à la mort.

— Et toi, la Reine? — Dieu m'en préserve, répond celle-ci; je n'ai déjà pas trop d'esprit; si j'allais me farcir la tête de ces niaiseries, je serais bientôt idiote. Vous avez connu Marie Levain? Eh bien! la pauvre fille avait l'esprit si absorbé devant son miroir de poche, ouvert et consulté à tout moment, qu'elle en devint comme imbécile.

— Et toi, Nicolette? dit-on à ma sœur. — Ne m'en parlez pas, fit-elle; pour s'occuper de toilette, il faudrait en avoir le temps, et c'est là précisément ce qui nous manque. Mon luxe, à moi, c'est de la belle filasse à ma quenouille, du beau linge dans mes armoires; du beau fromage, de la belle

3.

volaille sur le marché, et du beau bétail sur la foire. D'ailleurs, ne suis-je pas assez jolie sans tous ces affiquets ? .

— Oui, oui, bravo !

— Et toi, Augustine, la belle fille unique ? — Moi ! ô ciel ? ça coûte trop cher, de suivre la mode. A peine puis-je me fournir les vêtements de forme et de prix ordinaires. A vouloir briller, j'aurais bientôt dissipé mon saint Frusquin.

— Et toi, Zélie? — Moi ! dit celle-ci, j'aime trop mes parents pour aimer la parure : si j'avais ce malheureux penchant, je deviendrais leur tourment. Cette folle passion me rendrait auprès d'eux si exigeante, si obsessive, si implacable, que je les aurais en peu de temps réduits à l'indigence la plus complète.

— Et vous qui êtes riche, dit-on à Mme Landry, propriétaire de la métairie; à vous appartiennent les honneurs du luxe, vous n'en sauriez disconvenir? — Hé quoi! mes chers amis, répliqua-t-elle; vous voulez donc que je sois une méchante mère; vous voulez qu'en donnant ce funeste exemple à mes enfants, je les entraîne à leur ruine par un chemin de fleurs? Merci!

— Et toi, Joséphine? — Ah! Seigneur! dit celle-ci, j'ai trop envie de me marier pour donner dans le panneau des folles parures! Quel serait le mari qui voudrait se charger de me maintenir dans cet état de toilette? Rien qu'à la pensée de me choisir pour femme , les jeunes gens s'éloigneraient de moi comme d'une pestiférée. Victorine Blondeau en a fait la cruelle expérience : plus elle a désiré se marier, plus elle a cherché à s'embellir ; mais plus la chère fille s'est embellie, plus elle a vu la solitude se faire autour d'elle. Aujourd'hui encore, elle coiffe sainte Catherine et la coiffera toujours : elle a trente-huit ans. Il ne lui reste à présent que ses dentelles et ses bijoux, pour se consoler de la perte de ses illusions.

— Et toi, Mariette ? dit-on à une jeune orpheline, élevée par la tante de M. pasteur. — Moi aussi, répond-elle, je désapprouve le luxe, parce qu'il déplaît à Dieu , qui ne veut pas que nous soyons si beaux au dehors, tandis qu'au dedans nous sommes si laids, si pleins de péchés de toute sorte.

Alors nous éclatâmes en bravos à l'honneur de toutes ces bonnes filles, dont la sagesse et le bon sens venaient de parler si haut et si clair. Mais lorsque, du regard, nous cherchâmes la Turaude, grand désappointement ! sa place était vide : l'oiseau avait disparu, emportant avec lui son rare plumage. Elle était allée cacher sa honte et sa défaite au fond de son cabriolet , qui déjà avait franchi le vallon et gravissait lentement le coteau opposé.

Mais en partant, l'indigne fille a ajouté à tous ses torts celui d'oublier de visiter sa pauvre et brave mère qu'elle n'a pas vue depuis cinq ans : elle a craint de compromettre l'élégance de ses chiffons en pénétrant dans l'étroite et mesquine chaumière qu'habite cette bonne vieille, à qui, tous les dimanches, nous portons l'obole de notre charité.

Ici, tu le vois, mon cher, point de ce luxe dont les éclaboussures sèment trop souvent autour de lui l'envie, l'humiliation et le ressentiment. Au contraire, chez nos femmes et nos filles, toujours propres, toujours modestes, toujours candides et par cela même toujours charmantes, on ne se pare guère que le dimanche pour aller faire à l'église ses provisions spirituelles. Est-on de retour ? on se déshabille, on change de vêtements pour aller visiter la basse-cour, l'étable et le pot-au-feu ; puis, le reste de la journée s'écoule au milieu de lectures utiles ou amusantes, de causeries familières, de gaietés innocentes et parfois de danses sur la pelouse de la cour, à l'ombre du gros chêne ou du tilleul antique.

Y a-t-il dans les salons de vos grandes villes rien qui soit comparable aux charmes honnêtes de notre insouciante jeunesse? Non, assurément, à moins de compter pour quelque chose l'étiquette qui glace le cœur et attriste le sourire obligé. Car chez les citadins la tristesse envahit tout jusqu'au plaisir, parce qu'il y est soumis à la vente et le plus souvent au calcul de l'immoralité.

Quelle différence avec le franc rire et la grosse joie qui éclate et s'épanouit sur tous les visages de nos hameaux qu'elle vivifie !

Quel bonheur, cher ami, de vivre à la campagne !

XI

DIXIÈME LETTRE.

PAS DE FAILLITES A SUBIR.

Mon ami, que n'étais-tu dimanche dernier avec moi! J'ai roulé à travers l'espace pendant une bonne heure, en compagnie de la locomotive, de Nicolette et de Théophile. Nous sommes allés à la ferme de Vauvert, chez notre tante, à l'occasion de la fête patronale de Saint-Joux.

Est-ce le son de la musique, l'attrait de la danse, le parfum de la cuisine ou le fumet de la cave qui nous ont fait prendre notre volée vers Saint-Joux? Non, mon cher; c'est mieux que cela: c'est le plaisir de voir, d'embrasser, de complimenter la meilleure des tantes qui soient sous le ciel.

Voyage charmant! où tout, jusqu'aux petits

incidents survenus dans le trajet, t'eût réellement intéressé, comme tu vas le voir.

Dès notre arrivée à la gare, nous vîmes un grand, maigre et triste ouvrier qui, couvert de haillons et les pieds dans des souliers sans semelles, portait un paquet de guenilles au bout d'un bâton. Sitôt qu'il m'aperçut, il accourut vers moi, se précipita sur mes deux mains qu'il serra avec transport, en m'accablant de toutes sortes de bonjours. Hélas ! devine quel était ce personnage ? — car tu le connais. — C'était le grand Laury, dit La Chenille, notre ancien compagnon de misère à la manufacture de M. Gardon.

Sa bourse était veuve et son estomac vide depuis trois jours. Nous voulions causer, échanger quelques paroles... Impossible ! La cloche de la gare a tinté; vite au guichet des billets ! J'en pris un pour Laury, et le voilà, cinq minutes après, à mes côtés, dans le wagon fugitif. Je l'entraînai vers Vauvert, où une bonne table et de bonnes âmes nous attendaient. Il m'apprit ce que nous savions déjà : qu'il est natif du pays de notre ami David, c'est-à-dire à plus de cent cinquante lieues de chez moi, et qu'il avait quitté son village et les champs depuis douze ans.

— Oh ! s'écria-t-il, le bon, l'heureux temps que celui où, sans souci et entouré de mon affectueuse famille, je cultivais les champs et allais tous les dimanches entendre le sermon de notre bon curé ! Rien ne me manquait alors ! c'était la paix, la sécurité, l'abondance ! — Il avait, en disant cela, les yeux tout humides.

— Très bien ! mon ami, lui dis-je alors en lui serrant la main ; je suis content de voir que tu aies conservé le souvenir du bonheur puisé à sa véritable source. Maintenant, j'espère que tu retourneras dans cet heureux village, cultiver ce sol qui, aujourd'hui, n'est pas moins fécond qu'autrefois, et passer le reste de tes jours au milieu de ces bons parents qui gémissent de ton absence. Quant aux villes, je pense que tu en as une bonne et salutaire indigestion, dont il doit te tarder de te débarrasser.

— Moi ! retourner au pays ! me répondit-il ; jamais ! Que dirait-on ? On se moquerait de moi ; on se moquerait de ma folle émigration, de mes déceptions, de mon ancien mépris du sol natal, etc.

— Ah ! tu crains ces petits, ces innocents châtiments ! lui répliquai-je ; tu préfères donc mourir de faim et de nudité ? — Oui, dit-il. — Tu es fou, mon cher, répondis-je, et malheureusement cette folie est commune à presque tous ceux qui, comme nous, ont eu l'ingratitude de quitter la mamelle nourricière des sillons pour le stérile pavé des rues. Elle est le juste châtiment que le Dieu des champs inflige aux déserteurs. Ta sotte vanité, en te maintenant éloigné du foyer de famille, te fait jouer le rôle d'un mauvais fils, d'un mauvais frère, d'un mauvais compatriote; songe combien cela est odieux et coupable. Mais, coupable ou non, tu es maintenant mon prisonnier, tu ne m'échapperas pas : je t'emmène chez ma tante qui t'embauchera dans les travaux champêtres que tu ne quitteras plus désormais, j'aime à le croire. Là, tu es inconnu; ton ridicule amour-propre n'aura point à y redouter les prétendues représailles de tes anciens méprisés.

— Mais, en fin de compte, dis-moi à quelle cause tu dois d'être ainsi sans ouvrage. — Je le dois, me dit-il, à la morte-saison qui, vu l'inactivité du commerce, durera probablement encore quatre ou cinq mois.

— Eh bien ! moi, c'est à une faillite que je dois d'être jeté sur le pavé, dit en nous interrompant un individu accroupi dans un coin du compartiment. Le temps est aux faillites ; on n'entend parler que de cela aujourd'hui. Ciel ! qu'allons-nous devenir ? Chose terrible que le commerce ! Tel y a travaillé et sué toute sa vie dans les frayeurs de la hausse et de la baisse, de la supplantation et des insolvabilités, en vue d'amasser de quoi s'acheter un oreiller pour mourir, qui, par un beau matin, apprend qu'il est plus pauvre que le dernier chiffonnier du faubourg Saint-Marceau.

— A preuve, l'histoire du cousin de ma femme, dit un autre voyageur. Il était l'un de ces rares ouvriers qui, à force d'activité, de vigilance et d'économie réussissent parfois à s'amasser une petite aisance dans le commerce. Il prospérait déjà depuis quelque temps, quand, au moment où il croyait son bonheur le mieux affermi, une simple affaire, une spéculation ordinaire, mais malheureuse, a suffi pour provoquer chez lui une faillite dont il ne se relèvera jamais.

— Le commerce, dit alors un certain gros monsieur qui jusque-là avait feint de dormir, le commerce est un jeu où l'on expose son présent, son avenir et celui de ses propres enfants, et où, comme en tout autre jeu, on n'a chance de gain qu'à condition de tricher et de mentir, de mentir et de tricher. J'ai quatre fils à qui, dans la mesure de mon pouvoir, j'ai procuré toute l'éducation nécessaire ; mais je les ai tous éloignés du commerce, autant par prudence que par délicatesse.

— Monsieur, je vous crois dans l'erreur, lui répond un autre compagnon de voyage ; la finesse et l'imposture ne suffisent plus aujourd'hui dans le commerce. Je puis me vanter, moi, d'avoir employé toutes ces ressources, et néanmoins, je n'ai pas laissé que de sombrer sous les coups de vent de deux faillites. La probité franche et de bon aloi est la plus sûre, la plus infaillible des ruses, croyez-en mon expérience.

Ce noble aveu d'une âme ramenée au bien par la pratique du mal, m'étonna et me convainquit sans peine.

— Et vous, jeune homme, me dit une dame placée en face de moi, n'avez-vous pas aussi à subir le fléau des faillites dans vos campagnes? — Non, madame, lui répondis-je ; la terre avec laquelle nous traitons ne nous fait jamais ces impolitesses. Elle est une économe fidèle qui ne manque jamais de nous payer intérêt et capital. Nous lui confions nos sueurs, nos engrais et nos semences, et elle nous rembourse le tout au décuple à époques fixes, celles des moissons dont elle remplit nos caves et nos greniers.

Nous avons bien des terrains pauvres, mais ils ne sont jamais insolvables ; aussi ne se donnent-ils pas pour riches : ils ne trompent personne.

— Mais vos acheteurs de récoltes peuvent être moins fidèles, dit-elle. — Non, madame, nous ne le leur permettons pas ; nous ne vendons qu'au comptant. — Et votre clientèle, vous ne craignez pas de la perdre en agissant ainsi? — Notre clientèle! C'est tout le genre humain; c'est l'empereur, le banquier, comme le berger; c'est vous-même, madame; c'est-à-dire tout ce qui se nourrit des produits agricoles. — Ne craignez-vous pas qu'ils vous abandonnent? — Madame, leur vie dépend de nous; il faut que les grands et les puissants de la terre viennent s'incliner devant nous pour se procurer à déjeuner, car nous sommes les dispensateurs des biens du Tout-Puissant, ses économes, les premiers et les plus hauts fonctionnaires qui soient au monde.

— Vraiment! Monsieur le laboureur, fit ironiquement la jolie dame. — Cela vous étonne, madame, lui répondis-je, piqué au vif; parce qu'une éducation coupable vous aura donné des idées fausses sur l'importance de nos travaux et la place que nous devons occuper dans la société, ce que je viens de vous dire vous scandalise, vous semble un paradoxe, une révélation incroyable! Eh bien! examinez la chose de plus près, raisonnez-la dans tous les sens, vous obtiendrez toujours pour conclusion que nous sommes les premiers commis du Créateur, ceux par qui un reste du paradis terrestre a continué ici-bas; que nous sommes, en un mot, ceux à qui le Seigneur vous renvoie lorsque, chaque matin et chaque soir, vous lui demandez dans la prière du chrétien, le pain de la journée.

La belle dame fit alors un mouvement pour avoir l'occasion de montrer la bijouterie qui couvrait son corps et ses doigts, et me prouver par là qu'elle était assez riche pour se dispenser d'honorer ceux qui lui donnent du pain. L'expression de son visage était celle du dépit; son orgueil avait été froissé. Elle descendit à la première station qu'alors nous rencontrâmes.

— Pécaïré! me dit tout bas à l'oreille l'ami Laury, comme tu parles! on dirait un prédicateur, quand tu t'y mets! — Tu ne sais donc pas, répondis-je, que j'ai eu la mauvaise fortune de séjourner plusieurs années à certain collége? — Pourquoi appelles-tu cela une mauvaise fortune? demanda-t-il. — Parce qu'on ne m'y a pas même enseigné comment on doit tenir une charrue, ensemencer un sillon ou traire une chèvre.

— Si vous connaissiez quelle est cette femme que vous venez de contredire avec tant d'énergie et tant de bon sens, vous n'éprouveriez aucun regret d'avoir cédé à un peu de vivacité, me dit un prêtre qui depuis quelques minutes venait de s'introduire dans ce wagon. — Et quelle est-elle donc, s'il vous plaît? — C'est une comédienne ou une chanteuse d'opéra qui s'est fait épouser ici par un propriétaire imbécile qui continue depuis dix ans à l'applaudir au coin du feu, comme il l'applaudissait jadis au théâtre. Mais elle a changé de genre : au théâtre c'était la comédie ; chez son mari, c'est la tragédie, mais toujours dans un rôle de reine. Elle tient beaucoup à régner au logis.

— Eh bien! quelle qu'elle soit, répondis-je, je crois lui en avoir assez dit pour lui prouver, — ainsi qu'à cet ami que j'emmène, — qu'en agriculture il n'y a point de faillite à redouter, point de morte-saison à craindre, sinon celle des mois d'hiver où Dieu, travaillant toujours pour nous dans l'opération de la neige et des gelées, nous assigne les vacances et le repos qu'il accorde sans préjudice à toute la nature.

Qu'ai-je de plus à te dire? Rien, sinon que nous avons, Laury et moi, tant parlé de toi à Vauvert, que tu y es aussi connu que de nous. Laury, ramené à sa vie primitive, à celle de la liberté, du bien-être et de la sécurité, qu'on ne rencontre qu'au champ, est tout joyeux d'être rentré dans la terre promise. Il s'agissait de franchir le Jourdain. Arrive, je serai ton Josué; je te réponds du miracle.

Quel bonheur, mon cher, de cultiver les champs!

XII

ONZIÈME LETTRE.

PAS DE PIÉGES A FUIR.

Nous voici pour la journée en plein dimanche, à Leschaux, et je ne doute pas qu'il n'en soit de même à la ville, malgré le tapage habituel de vos rues.

Que fais-tu de ce jour où le ciel nous invite à redresser nos corps courbés sur l'enclume ou le sillon depuis huit jours? Es-tu sorti de la ville pour remplir tes poumons d'air pur, contempler la création et te demander à toi-même si tu n'es point né pour jouir un peu de cette liberté si chère à tout le monde? Ou bien es-tu allé, avec la foule des fidèles, faire à l'église ta visite au bon Dieu et y recevoir de lui la ration de bonheur et de paix qu'il donne à tous ceux qui l'aiment?

Quant à nous, qui avons toujours ici de l'air, de

l'espace et de la liberté, nous fréquentons habituellement l'église le dimanche. Nous trouvons que rien n'est aussi doux que d'aller, ce jour-là, se jeter tous ensemble dans les bras de notre Père céleste pour s'y reposer des fatigues de la semaine.

Pour notre rieuse et folâtre jeunesse, le dimanche est peut-être quelque chose de plus : c'est le jour des joyeux ébats et des innocents plaisirs; de ces plaisirs qui laissent l'âme toute pure et la réputation toute blanche.

Mais sous ce rapport, pauvre ami, quels dimanches que les vôtres! Pas de plaisirs purs et gratuits, à la ville! il faut les y acheter tous; encore sont-ils amers et dangereux. Ici, rien de pareil : ils viennent d'eux-mêmes s'asseoir à notre foyer, sans jamais s'adresser à notre bourse. S'il fallait te le prouver, je te dirais que papa est allé ce matin faire la cour aux poissons de la rivière qui promène ses flots paresseux à quelque distance d'ici, et qu'au bout d'une heure, il est revenu accompagné de onze énormes prisonniers bâillants et frétillants au fond de son havresac. De là, pour ce soir, grosse friture et joyeux repas qui ne nous coûtera que la peine de le savourer.

Et pourtant, à cette table, devant ces monstres à dévorer, ta place encore sera vide. Quand donc songeras-tu que nous ne sommes point indifférents au bonheur, et qu'il n'est pur et complet chez nous, qu'autant qu'il est partagé par des amis?

Au nombre des tiens, tu feras bien de mettre ma petite sœur Marianne, qui me prie de te faire parvenir son bonjour. Elle a fort grandi depuis que tu ne l'as vue : aussi pouvons-nous maintenant compter sur elle pour les soins de la basse-cour et la garde du bétail.

Hier, au retour du troupeau qu'elle a ramené du pâturage, elle s'est montrée tout en pleurs et toute désolée, au sujet de sa brebis chérie, charmante petite agnelle que papa lui a donnée le jour de sa fête. — Croiriez-vous, disait notre bergère, que cette brebis incorrigible a la fureur de s'écarter à tout moment du troupeau, et d'aller s'engager dans des sentiers épineux, où elle ne peut faire un pas sans laisser une partie de sa laine accrochée aux ronces ? Cent fois le jour, je veux l'en empêcher : inutile ! Cornet lui-même y perdrait sa peine et son oreille ! Quelle passion ! Il suffit qu'il y ait là quelques herbes préférées, quelques friandises de son goût, pour qu'elle s'y jette sans égard pour sa toison !

Maman qui l'interrompit, lui dit: — Mon enfant, tu n'as, sous ce rapport, rien à reprocher à ta brebis dont tu ne doives t'accuser toi-même. — Chère maman, je ne comprends pas ce que vous voulez me dire. — Ne te souvient-il pas qu'il y avait foire ici, dans notre voisinage, lundi dernier, et qu'à cette foire il y avait grand étalage de bonbons, de joujoux et de rubans de toutes sortes? — Si, maman, je m'en souviens. — Eh bien! en passant devant ces attrayantes frivolités, n'y as-tu pas laissé accrochés les beaux petits sous contenus dans ta poche et auxquels tu tenais tant? — Oh! oui, maman, j'y tenais. — Tu croyais passer saine et sauve à travers toutes ces séductions; mais arrivée en présence de ces poupées, de ces bonbons, de ces joujoux, la tête t'a tourné, et au bout d'un moment tu as eu les mains pleines de ces bagatelles. Tu t'es aperçue alors que les sous de ton gousset avaient changé de logis, grâce à l'habileté des marchands. — Aussi quels furent mes regrets! dit Marianne; hélas! mes sous, mes jolis petits sous : ils sont perdus et perdus, pour toujours!

— Ma fille, ajouta maman, ton histoire est celle de ta brebis : elle est aussi celle des ouvriers qui habitent les villes. Ils ne sauraient y faire un pas, surtout le dimanche, sans passer auprès de quelques friandises et y laisser partout un peu du contenu de leur petite bourse. Maman avait raison.

Ceci me rappelle un procédé que notre chère Mme Arnault, dont je t'ai déjà parlé quelque fois, nous disait avoir souvent employé, dans le cours de sa longue et bonne vie, pour échapper à ce malheur. Je vais te le dire, sans néanmoins t'en imposer la pratique.

Il consistait à ne jamais passer devant un étalage séduisant sans serrer plus fort dans sa main, son porte-monnaie placé au fond de sa poche, en répétant cette prière : « Mon Dieu, ne me laissez pas succomber à la tentation, mais délivrez-moi du malheur de desserrer la main et de débourser. Ainsi soit-il. »

La bonne dame nous disait que cette application un peu profane de l'Oraison dominicale l'avait toujours miraculeusement délivrée des piéges dressés par les marchands. Mais de là, passait-elle devant quelque indigent, aussitôt et d'elles-mêmes sa main se desserrait, sa bourse se déliait et quelque petite pièce blanche en sortait pour aller tomber dans la main de l'infortuné.

Cette manière de prier n'est pas orthodoxe ; aussi nos petites ouvrières de la cité se garderaient-elles bien d'en faire usage. D'ailleurs, à quoi bon ? Est-il possible, à la ville, d'échapper aux convoitises qui, pour vous attaquer et vous vaincre, y ont une armée qui compte les dix-neuf vingtièmes de la population , c'est-à-dire tout le personnel du gros et du petit commerce? Cette effrayante milice, dont la devise est : *Vaincre ou mourir de faim*, n'a qu'une idée, qu'une passion, qu'un but, qu'un métier : c'est de faire *honnêtement* passer dans ses tiroirs l'argent contenu dans le gousset du prochain. Ces bons et déterminés champions de la vente déploient à cette œuvre de conquête toute leur industrie, tous leurs stratagèmes, tout leur génie.

De là, cet étalage appétissant et varié du commerce, la mise en vente du plaisir sous toutes les formes ; de là ces efforts incessants à réveiller en nous le besoin de jouir et le soin persistant de flatter nos sens ; de là enfin le danger, pour les bonnes gens, de s'exposer aux piéges tendus de toute part. Ouvre les yeux, mon cher, et regarde : péril partout ! Vanité, libertinage, divertissement, gourmandise, paresse, etc., tout y est exploité par la mise en scène. Autant de causes de ruine et d'appauvrissement, — surtout pour ceux qui sont déjà pauvres.

A qui fera-t-on croire que la petite ouvrière peut passer devant les éblouissantes expositions d'étoffe et de bijouterie sans sentir battre son cœur, et qu'appuyée au bras d'un père, d'un frère ou d'un futur époux, elle ne leur fait pas ouvrir le maigre porte-monnaie et vider le contenu dans le coffre-fort du marchand d'or ou de satin ?

Mais de là au bal, au café chantant, à la comédie, il n'y a qu'un pas! Partout, vers le soir, leurs devantures brillantes et illuminées ; partout les attroupements de la flânerie se dirigeant vers les bazars de l'immoralité aux heures de l'ouverture. Comment l'ouvrier, qui vient de recevoir le petit salaire de sa semaine, résisterait-il à cet entraînement? comment résisterait-il à toutes les promesses des affiches monstrueuses, à tous les refrains malsains chantés par des femmes jeunes et lubriques, plus malsaines encore? Tristes créatures, que ces femmes que la misère et la faim font pirouetter, rire et chanter sur les planches d'un théâtre pour gagner le prix d'un morceau de pain !

Quant au spectacle de ces danses sans nom, qu'un vieux troupier ne saurait voir sans rougir, je ne t'en dis rien ; cela regarde la police, et je ne te crois capable d'éprouver qu'un sentiment, celui de l'indignation, à la vue de ces turpitudes.

Mais si toi et tes compagnons d'ateliers, vous échappez à ces bruyants spectacles, à ce luxe échevelé des faux plaisirs, parce que vous en avez éprouvé la duperie, échapperez-vous aux entraînements de la camaraderie des *licheurs* qui vous invitent à boire la goutte alcoolique, la chope de bière, ou le canon de vin ? Ici et là , partout, devant, derrière, à droite, à gauche, des cafés, des estaminets, des buvettes, des gargotes, ou d'autres lieux plus indignes et plus dangereux encore.

Partout vous y êtes abordés par un personnel dressé au métier de la séduction : ce sont des garçons aux manières aimables, des fillettes au sourire agaçant, des patrons au ton servile et patelin ; tout autant d'araignées qui , sur leur toile , vous attirent, vous entraînent, pauvres mouches, et vous dévorent.

C'est là que se contractent les habitudes de l'orgie, de l'ivresse, de la débauche, des querelles, des rixes et la pratique du culte impur de saint Lundi, si cher aux *gouapeurs ;* c'est là que se vident la bourse et l'espérance de toute la pauvre famille onvrière en proie au dénûment, aux maladies qu'il engendre et à la mort la plus désolante de toutes, celle qui résulte de la privation d'aliments.

Il n'est pas jusqu'à nos hameaux qui ne ressentent les effets désastreux de la vie ouvrière des villes placées à 200 , à 400 et 800 kilomètres de distance. Hier encore, une pauvre femme , la veuve Jeannet, notre voisine, a reçu de son fils, en tour de France, l'une de ces nombreuses lettres qui, de Bordeaux, de Lyon, de Paris, de Marseille, etc., lui sont adressées pour lui demander de l'argent sous toute sorte d'insidieux prétextes. Pendant longtemps cette bonne femme, que l'amour maternel aveugle, croyait tout et donnait tout : on a eu grand'peine à lui démontrer que son fils mentait pour la voler, et la volait pour se livrer au désordre ; elle ne s'est rendue à l'évidence qu'à force de preuves et de témoignages. La chère femme maudit les villes, qui, d'un bon fils et d'un bon ouvrier, n'ont probablement fait qu'un être vicieux et perdu pour elle.

C'est à la glu des mille frivolités, des mille piéges inévitables dont ils sont environnés que les ouvriers des villes doivent l'extrême pénurie qui les consume. Ce n'est pas toi, mon cher Gabriel, qui me contrediras sur ce point : quoi qu'en dise notre ami Bimont, tu sais que les plus sages, les plus fermes finissent presque tous par faire un pas, un petit pas dans la voie de la dépense, puis par en faire deux, puis cinq, puis dix, puis cent. Alors c'est un besoin chronique, une habitude funeste qui va se fortifiant et s'élargissant dans la mesure de l'affaiblissement du sentiment du devoir.

A la campagne, aucun de ces dangers : pas de

spectacle démoralisant, pas d'embûches tendues à la bourse par la flatterie et la surexcitation des sens. Un entourage ferme et religieux, dont la moralité a son origine dans la conscience et son appui dans le ciel, nous préserve heureusement de ces égarements et des peines qui en sont inséparables.

Ici, les plaisirs sont gratuits, purs, abondants et salutaires.

Quel bonheur, mon ami, de vivre à la campagne!

XIII

DOUZIÈME LETTRE.

A QUOI BON DES VILLES?

Cette fois, mon ami, ce n'est pas moi qui prends la plume ; c'est la plume elle-même qui, je crois, me saisit, trotte et m'entraîne à la remorque de ton côté par je ne sais quel chemin. Comment le saurais-je? Je ne vois pas clair, et le soleil, du haut de ses neuf heures, n'a pu encore dissiper les ombres de mes paupières et de mes idées.

Mais tu vas en comprendre la cause : nous sommes au lendemain de l'anniversaire de la naissance de M. Dubos, jour où l'on dépense à table tout ce que l'on a de bon dans le cœur, tout ce que l'on a de beau dans l'esprit, et aussi tout ce que l'on a de médisance contre les villes. Voilà pourquoi je t'écris une sotte épître dont tu pourras allumer ton cigare, mais qui t'apprendra néanmoins que je viens de faire un rêve épouvantable.

— Quel est donc, me diras-tu, l'objet de cette vision souterraine? — Je te le donnerais en cent et en mille, que tu ne le devinerais pas : c'est la destruction instantanée de toutes les villes, tombées sous la main de Dieu, qui a voulu détruire, extirper ces innombrables réceptacles d'êtres parasites que nourrissaient les populations rurales. Je n'y ai vu sur tout le globe que des ruines fumantes, la poussière et le néant remplaçant l'éclat de l'orgueil.

L'agriculture était vengée, la ruche humaine purgée de ses frelons ; et ce qu'il y avait de remarquable, c'est que dans la vaste étendue du monde tout était paisible comme auparavant. Comme auparavant, la charrue marchait, la semence pleuvait, les moissons s'accumulaient en gerbes autour des métairies, et, comme auparavant, les échos de nos coteaux, de nos taillis et de nos vallons, chantaient les refrains pacifiques et religieux de nos garçons et de nos filles. Rien ne souffrait de la suppression des villes; au contraire, l'abondance refluait partout et décuplait nos jouissances.

Tel a été le rêve que je viens de raconter à tout notre monde.

— Tant mieux que ce ne soit qu'un rêve, a dit Marianne. — Pourquoi? lui ai-je répondu. — D'abord, parce que ç'eût été cruel aux pauvres citadins de mourir ainsi; ensuite parce que ç'eût été grand dommage que Dieu eût détruit toutes ces belles, ces magnifiques choses qui se voient dans les villes. — Pas si magnifiques que celles qu'il a faites lui-même, dit Lisette; la nature n'est-elle pas plus belle que tous ces entassements de pierres et de mortier?

— Oui, mais des bonbons, nous n'en aurions plus, dit Théophile; tous les confiseurs seraient en cendres. — N'avons-nous pas des fraises? petit nigaud, lui répondit maman. —Mais notre crême, notre beurre, notre volaille et tout notre bétail, qui nous les achèterait? — Nous serions obligés de les manger nous-mêmes. — Quelle bonne chère nous ferions! s'écria Régine.

— La ville n'est qu'un marché, dit papa; l'on n'y vit et l'on n'y peut vivre que d'échanges faits à profit, c'est-à-dire en donnant moins pour recevoir plus; c'est là son unique industrie; mais l'on n'y produit rien. Elle ne s'alimente et ne s'enrichit que de nos produits ruraux; on s'y nourrit de notre pain et de notre boucherie; on y boit notre vin et notre lait; on s'y habille de notre laine, de notre chanvre et de notre lin. La ville nous prend nos graisses, nos huiles, nos bois de chauffage et de construction : enfin tout.

— Elle va jusqu'à nous prendre le lait de nos femmes pour alimenter sa chétive progéniture, fit observer maman.

— Elle fait bien pis, ajoutai-je ; elle nous prend nos jeunes gens pour les démoraliser, et nos filles pour en faire des servantes et des femmes perdues.

— Mais au lieu d'une vision, dit Nicolette, supposons une réalité : supposons qu'une fée vienne, d'un coup de sa baguette, supprimer pour quelques jours ou quelques mois, toutes les villes qui florissent sur la terre et s'y croient si importantes : n'en souffririons-nous pas ?

— Nullement, répondit papa ; pour vous en convaincre, regardez autour de vous et voyez si de tout ce qui nous est nécessaire, nous leur sommes redevables en quoi que ce soit ? Outre les matières premières que Dieu nous donne, n'avons-nous pas nos marchands, nos artisans, boulangers, tisseurs, charpentiers, tailleurs, cordonniers, etc., tous prêts à nous servir, et moins cher qu'à la ville ? N'y avons-nous pas nos églises et nos écoles ? nos médecins, nos légistes et nos magistrats ?

— Supposons que par un prodige opposé toute

la campagne devienne ville, rues, trottoirs, places, palais, etc., seulement pendant quelques jours. Qu'arriverait-il? Il arriverait que la surface de la terre présenterait le spectacle le plus lugubre, le plus effrayant que le soleil ait jamais rencontré : celui d'une couche de cadavres de tous les êtres que la faim aurait tués.

—Vous me faites ressouvenir, leur dis-je, d'une fable que nous contait quelquefois notre grand-père, et où l'on disait que la Ville et la Campagne s'étaient jadis brouillées. De là grand procès : chacune prétendait avoir le pas sur l'autre. Dans l'impuissance de trouver sur la terre des juges dés-intéressés dans la question, on en appela à Jupi-ter, le père des dieux, qui, pour vider le procès, prononça le divorce entre elles. Dès ce jour, sé-paration complète ; plus de relation.

Bientôt la Ville, privée du nécessaire, dénuée de tout, mourant de faim, poussa des cris vers le ciel pour demander du secours. Jupiter, alors importuné, répondit plein de courroux : « Taisez-vous, vil essaim de parasites ; si vous voulez du pain, allez le demander aux sillons ; si vous voulez du vin, adressez-vous à la vigne. Je vous ordonne de vous disperser sur la surface de la terre pour la féconder, et cela, à l'instant même, sous peine de tomber anéantis sous le coup de ma foudre terrible. » Et comme les paresseux citadins hésitaient à se faire laboureurs et vignerons, et que le bras fulminant du tout-puissant Jupiter déjà se levait pour les pulvériser, Junon, sa femme, intervint, le suppliant de modifier sa sentence : à quoi il accéda. La Ville obtint de rester à l'ombre de ses murs et d'avoir des relations avec la Campagne, mais en qualité de vassale et de servante.

— Détestable Junon ! fit Théophile ; sans elle, sans son intervention, nous n'aurions plus de villes : quel bonheur ! D'ailleurs, comme l'a dit M. l'instituteur, les villes ne sont pas dans la nature. Aussi voyons-nous dans la Bible que Dieu les menace et les détruit partout. Ici, c'est Jéricho, Ninive, Sodome et Gomorrhe ; plus loin, c'est Babylone, Tyr et Sidon ; ailleurs, c'est Corasim, Samarie, Capernaüm, et Jérusalem elle-même, qui n'est plus qu'une ruine. Décidément, les villes sont en abomination aux yeux du Seigneur ; n'est-ce pas, papa ?

Cette conclusion théologique de Théophile, dont je me mis à rire, n'est pas dépourvue de vérité, et M. le curé l'aurait probablement approuvée.

— Mais, fit observer Etienne Fargeau, notre voisin, ne faut-il pas des villes pour l'agrément des riches qui vont y passer leur quartier d'hiver ? — Non , mon ami, a répondu M. Dubos qui se trouvait là; que tous les riches fassent comme moi : qu'ils résident toujours à la campagne, et ils ne donneront pas le mauvais exemple de la désertion , du luxe et de la dépense , toutes choses qui portent l'argent dans les villes et y attirent la population des champs.

Nous sommes ici maintenant en pleine vendange. Partout des paniers au bras, des hottes aux dos, des tonneaux défoncés sur des charrettes ; partout la gaieté couronnée de pampres et barbouillée de jus de raisins : c'est Bacchus à l'état de jeunesse et d'innocence. Cornet , l'intrépide, précède et suit tout le monde ; il est partout, aboie et agit toujours ; c'est le directeur général; sans lui que deviendraient l'ordre et le travail ? Jugez !

Nous en avons encore pour quatre jours au moins. Que n'es-tu ici, mon pauvre ami ? Ce qui me fait de la peine en cueillant ce raisin, c'est de ne pouvoir t'envoyer de belles mossines (1) ; c'est aussi de penser que le vin falsifié qu'on te sert à la gargote est peut-être celui, bien pur et

(1) Nom qu'on donne , dans les environs de Paris, à des sarments détachés du cep et chargés de raisins mûrs, destinés à être suspendus sous forme de guirlandes au plafond des appartements.

bien bon, que nous récoltons et vendons à titre de superflu.

Mais ce que tu ne saurais peut-être comprendre, c'est la colère qu'éprouvent ceux qui moissonnent et qui vendangent, à la pensée que moisson et vendange iront nourrir les déserteurs de la moisson et de la vendange elles-mêmes ! qu'elles iront donner du pain et du vin à ceux-là mêmes qui refusent de les produire et passent dans le camp des consommateurs, c'est-à-dire dans les villes. Néanmoins, ce qu'il y a de tristement consolant pour nous, c'est de voir que la main de Dieu, qui sait atteindre et punir ces transfuges, ne leur laisse généralement parvenir le produit des champs et de la vigne, qu'assaisonné d'amertume, c'est-à-dire frelaté et empoisonné par le commerce.

D'après ta dernière lettre, il nous est enfin permis d'espérer te voir ici bientôt savourer le pain et le vin sur le sol même qui les produit. As-tu connu la famille Moireau, gens qui furent en qualité de voisins, la cause de notre malheureuse émigration? Quelques-uns, tu le sais, ont été nos compagnons de misère dans certains chantiers. Ils sont originaires d'Uberville, commune limitrophe de la nôtre.

Les lettres mensongères que l'un d'eux, Pierre, a écrites à son oncle, Joseph Berthier, petit propriétaire et ancien maître d'école du village, lui ont fait accroire qu'ils sont opulents à la ville; mais si bien accroire, que sa fille Louise veut à toute force aller résider auprès d'eux, et comme eux y faire fortune. Papa Berthier, importuné, a consenti à l'y conduire et à l'y laisser quelques mois entre les mains de sa sœur, la mère Moireau. Tu vas donc, l'un de ces premiers jours, les voir arriver chez toi : je leur ai donné ton adresse.

Quel bonheur, de cultiver les champs, mon pauvre ami !

XIV

Les prétendus parvenus.

Nous voilà au 23 octobre 1864, jour mémorable qu'on n'oubliera point à Leschaux : c'est un dimanche. La matinée est belle, et Lambert Giraudet, allongé devant la porte, sur un banc de pierre, qui a usé cinquante générations, lit son journal, petite feuille agricole, scientifique et religieuse, qu'il accueille tous les huit jours, comme un ami longtemps attendu.

Mais ce que ce journal ne lui annonce pas, c'est l'approche d'une jeune fille, qui trotte sur le chemin d'Uberville, dans la direction de Leschaux, où elle semble être impatiente d'arriver : elle y arrive pourtant bientôt. A son apparition dans la cour, elle a l'honneur d'être saluée par Cornet, qui aboie et dresse l'oreille, puis par notre lecteur de journal qui lève les yeux et court au-devant d'elle.

— Ah ! mon pauvre Lambert ! s'écrie-t-elle ; laisse là ton journal : les nouvelles que pourraient te donner dix mille journaux, reçus de tous les points du monde, seraient moins intéressantes, moins précieuses que celles que je t'apporte : elles sont de ton ange Gabriel !

Vous me demandez quelle est cette bonne fille ? Chers amis, vous ne devinez donc pas que c'est Louise Berthier, d'Uberville, dont nous avons vu le projet d'émigration dans la dernière lettre que nous venons de lire !

Cette émigration, elle vient de la tenter ; ce n'est même que d'hier qu'elle est de retour de la grande ville où, accompagnée de son père, elle a vu Gabriel Pageot, qu'elle surnomme *l'ange*. De là vient que ce matin rien ne lui a paru plus convenable, plus urgent que d'accourir bien vite à Leschaux pour y réjouir le cœur de tous les Giraudet et peut-être aussi un peu pour se procurer le plaisir de conter l'histoire de ses déceptions.

Est-il besoin de vous dire avec quel empressement, quelle expansion d'amitié Louise est reçue par les habitants de la ferme ? On met nappe sur table avec pain, vin, saucisse et toute sorte de rafraîchissements pour dissiper la lassitude que peut lui avoir causée sa course, en attendant l'heure du dîner : elle ne veut rien accepter qu'un peu d'eau rougie ; après quoi elle se met gaiement à faire le récit de son pèlerinage. Je vous laisse avec elle ; écoutez-la.

— Chers et bons amis, dit-elle, que n'avons-nous écouté tout d'abord vos renseignements et vos conseils! Mais papa et moi, trompés par les lettres de mon cousin Pierre, nous avons décidé notre départ sans vouloir rien entendre. Heureusement qu'un doute sur la sincérité de ce misérable cousin est venu arrêter mon père dans ses préparatifs, et nous empêcher de vendre notre petit avoir pour abandonner le pays. Et moi qui lui faisais un crime de sa prudence et de sa défiance à l'égard des assertions du mauvais sujet! Pauvre et bien-aimé père! où en serions-nous, s'il m'avait écoutée?

— Allons! ma fille, me dit-il un matin, partons pour la ville adorée : avant d'aller nous y fixer définitivement, il faut voir de nos propres yeux ce qu'il en est de toutes ces merveilles. — Je tressaillis de joie à cette parole, vous pensez! On fit des paquets, on remplit une malle, on se munit de tout : j'y devais rester auprès de ma tante au moins deux mois.

Le tout bagué, ficelé et mis sur le dos d'un âne, nous partîmes joyeux pour la gare, où nous fûmes fourrés dans un wagon, qui nous entraîna rapidement vers notre destination. Pendant huit heures, nous avons été placés en face d'un militaire qui retournait joindre son régiment. Après quelques heures de silence, il nous dit sans plus de façon :

— Où allez-vous, mes braves gens ?

— A la ville, répondîmes-nous.

— Pour longtemps ?

— Oh ! pour toujours, probablement, dit mon père.

— Vous avez donc des rentes ou une profession à y exercer ?

— Ni l'une, ni l'autre.

— Mais alors comment y vivrez-vous ?

— Par le travail.

— Et lequel ?

— Celui de manœuvre, terrassier, emballeur, portefaix, ou autre... que sais-je ?

— Ah ! malheureux, vous ne connaissez donc pas les villes ?

— Oh ! que si, que nous les connaissons, répondit papa ; mon neveu Pierre, qui habite les villes depuis douze ans, nous a grandement instruits là-dessus. Tenez, ou plutôt lisez : voilà une masse de lettres qu'il m'a adressées à ce sujet.

Le soldat parcourut rapidement les lettres et les rendit à papa, en disant : « Votre neveu Pierre est un menteur, et s'il vous a engagé à le suivre,

4.

vous pouvez le qualifier de mauvais sujet, parce qu'alors il vous expose à toutes sortes de déceptions et de regrets ; sinon ses mensonges n'ont qu'un but : celui de cacher sa misère.

Tout cela me paraissait une calomnie, une injure directe faite à mon cousin : j'étais sur le point d'éclater de colère contre la témérité insolente de ce militaire, et je dis tout bas, à l'oreille de papa : « En voilà encore un qui parle comme les Giraudet de Leschaux ; ces gens-là sont tous jaloux de nous voir cesser d'être paysans. » Mais à la vue de la figure calme et bienveillante de papa, je compris bien qu'il ne partageait pas mes sentiments à l'égard du militaire.

— Hé ! pourquoi quittez-vous le travail des champs ? nous dit encore le soldat.

— Ah ! dam ! répondîmes-nous ; vous connaissez le proverbe : « La terre est basse, » il faut trop se courber pour la cultiver.

— Comment ! la terre est trop basse ! l'abondance et le bonheur ne valent-ils donc pas la peine qu'on se baisse pour les ramasser ?

— Le soleil est trop chaud dans les champs.

— Oui, pour les mauvais ouvriers : mais, mon ami, il n'y a pas de soleil sans ombre. C'est donc de l'ombre que vous allez chercher à la ville?

— Oui, et du pain blanc.

— Pauvre homme ! on ne vit pas d'ombre, et, quant au pain, je crois que vous l'y aurez encore plus noir et plus amer qu'à la campagne. D'ailleurs, vous vous trompez de route pour le trouver, ce pain.

— Comment donc cela, s'il vous plaît ?

— Je m'en vais vous le faire comprendre, dit le voyageur. Quand vous avez soif, où allez-vous pour vous désaltérer ?

— A la fontaine, pardine ! c'est là qu'est la source.

— Eh bien ! pourquoi ne faites-vous pas pour trouver à manger ce que vous faites pour trouver à boire ? Pourquoi n'allez-vous pas, ou plutôt ne restez-vous pas à la source du pain, qui est l'agriculture ? Pourquoi vous en éloignez-vous, l'abandonnez-vous pour aller vour engouffrer et périr dans les grandes villes, en laissant à d'autres le soin de produire et de vous faire parvenir ce pain que vous espérez rencontrer en le fuyant ? A-t-on jamais vu un petit enfant repousser et abandonner le sein fécond qui lui procure la vie ? C'est pourtant ce que vous faites à l'heure qu'il est : vous avez moins de bon sens qu'un enfant au maillot.

— C'est qu'à la ville, répondit papa, les ouvriers gagnent plus et que leurs heures de travail sont limitées.

— Mon brave homme, dit le soldat, si à la campagne vos heures de travail sont parfois illimitées, vos jours de repos le sont aussi : les jours de pluie, le temps où le sol est trop mou, la saison des neiges et des glaces, sont à la campagne, des jours, des semaines, et parfois des mois de repos. A la ville jamais de repos, à moins d'être mort. Quant au gain de la journée à la ville, sachez qu'il est presque toujours insuffisant, parce que la vie y est très-chère et que les frais de toutes sortes y sont immenses. Vous ne savez donc pas le proverbe qui dit : *A grosse corde, gros nœud ?*

— Mais aussi, fit papa, quels agréments offrent les villes ! on y trouve tout ce que l'on veut, on y a tout sous la main.

— Oui, dit le jeune homme, à condition de payer bien cher ce qu'à la campagne vous avez pour rien. N'est-ce pas la campagne qui est la grande pourvoyeuse des villes ? Ne lui doivent-elles pas jusqu'à l'air qu'elles respirent ? Puis, vous parlez de travail et de gain ; cher homme, y songez-vous ? Si les jeunes gens bien portants, vigoureux et habiles dans leur profession, ont bien de la peine à se procurer de l'ouvrage dans les villes, comment vous, qui avez déjà de l'âge et pas de profession, osez-vous espérer en trouver qui soit lucratif et durable ?

Voulez-vous recevoir de ma part un conseil d'ami? Descendez à la première station et retournez à votre village : c'est ce que vous avez de mieux à faire. Moi, laboureur et fils de laboureur, j'ai voulu apprendre le métier de charron parce qu'il est utile chez un cultivateur ; j'ai voyagé avant d'être militaire comme depuis, mais je n'ai jamais retrouvé nulle part le bonheur que j'ai laissé au village, où j'espère bien me réfugier aussitôt que j'aurai reçu mon congé définitif.

Le soldat se tut après avoir ainsi parlé et s'endormit.

Ce discours du bon jeune homme me laissa pleine de pensées et de résolutions les plus contradictoires. Mais nous étions lancés, il fallait bien nous laisser emporter jusqu'à la ville, où nous devions jouir du bonheur de revoir dans l'opulence nos oncle, tante, cousins, cousines et amis émigrés des champs. D'ailleurs, grâce à la prudence de papa, ce n'était guère qu'un voyage d'agrément que nous faisions là.

Arrivés à la dernière gare, le militaire sortit de son long sommeil et mon père en profita pour lui exprimer tous ses sentiments d'estime et le complimenter sur son intelligence : « Monsieur, » lui dit-il, « j'ai à réparer une erreur où je vous ai induit par badinage ; j'ai le bonheur de n'être point un émigrant, comme je vous l'ai fait accroire. Mais je me félicite d'avoir joué auprès de vous ce rôle innocent : il m'a procuré le plaisir de vous voir réfuter, avec un grand bon sens, tous les sots préjugés, les grossiers prétextes, les motifs incroyables qu'allèguent toujours les insensés déserteurs des champs. C'est à dessein que je vous les opposais : je vous remercie de m'avoir si bien édifié et vous souhaite un bon voyage. »

La première personne qui nous aborda au sortir de la gare, ce fut un homme maigre, barbu, avec des yeux caves et des pommettes saillantes ; il était vêtu d'un sarrau malpropre, et marchait sans bas dans des souliers antiques. Il avait les mains toutes noires, et nous dit : — Bonjour, mon oncle, bonjour ma cousine. — Comment ! c'est toi, Pierre ? grands dieux ! je ne te reconnaissais plus. — Eh bien ! moi, dit-il, quoique tu aies grandi, depuis six ans, je te reconnais bien. Vous m'avez mandé le jour et l'heure de votre arrivée ; je suis venu au-devant de vous.

Nous ouvrions de grands yeux bien tristes, papa et moi : nous étions déconcertés. Nous avions compté rencontrer un ouvrier propre, un demi-monsieur, que le travail et l'aisance ont rendu respectable, et que voyons-nous ? Un malheureux, bien malheureux !

— Vous venez me voir, dit-il, j'en suis bien aise : où voulez-vous loger ? — Quoi ! chez toi, donc ! pardine ! Où veux-tu que nous allions, nous qui ne connaissons rien, ni personne ici ?

Moi, j'étais si triste, si chagrine, que je me mis à pleurer, en criant à papa : — Allons-nous-en ; retournons à Uberville ; je ne veux pas rester ici ! — Vous ne resterez pas ici, répondit Pierre ; on ne loge pas à la gare ; suivez-moi : je prends la malle, ajouta-t-il, prenez les paquets. Et nous nous mîmes à marcher sur les pas du cousin, sans savoir où, à travers la foule, nous étions conduits. Nous parcourons d'abord de larges trottoirs qui bordent de larges rues, puis nous entrons dans de plus étroites, puis dans de plus étroites encore, puis enfin dans une ruelle sombre, humide, pour laquelle le soleil n'a jamais existé. Tout à coup, il nous entraîne dans un étroit corridor, plus sombre encore que la sombre ruelle.

Nous pénétrons dans un appartement infect, où grouille un tas de gens désœuvrés, qui jouent aux cartes à la lueur d'une petite fenêtre, qui jette un faux jour sur tout ce pauvre monde. Il était dix heures du matin et l'on n'y voyait pas clair.

Les quolibets, les rires, les propos mal sonnants, éclataient sur moi de toute part ; mais j'étais sourde, troublée, folle. On déposa la malle et les paquets sous une table. Après quoi Pierre dit à une grosse et sale jeune fille : « Marguerite, apporte-nous une chopine et trois verres. » Marguerite (c'était la servante du taudis), apporta la bouteille et trois verres. Le vilain cousin n'eut pas plus tôt saisi cette bouteille, qu'il dit à un groupe d'individus placés à une table voisine : « Approchez donc vos verres, vous autres, pour trinquer avec mon oncle et ma cousine. » Tous alors vinrent présenter leurs verres, la plupart avec des manières hardies et des plaisanteries grossières. Je tremblais en trinquant ; mais Pierre, qui s'en aperçut, me dit : — N'aie pas peur, ma cousine, si quelqu'un te manquait de respect, il aurait affaire à moi. — Oui, certes, mademoiselle, dirent les trinqueurs ; nous sommes d'honnêtes gens, quoique pauvres, et nous buvons à votre santé.

XV

Douleur et indignation.

Rassuré par cette démonstration de bienveillance, mon père dit à Pierre : — Où sommes-nous ? Quelle est cette maison ?

— Cette maison, dit le cousin, c'est un hôtel d'ouvriers, autrement dit *un garni*, tenu par ce qu'on appelle un logeur. Il y a là-haut des chambres contenant chacune de dix à douze lits, qui se remplissent tous les soirs et se vident tous les matins.

— Dix à douze grabats, dit un ouvrier.

— Et c'est là que tu entends me faire coucher ! dit papa ; songe donc que je suis accompagné de ma fille ! Où demeure ton père ? Nous lui parlerons de cela et tout s'arrangera.

— Mon père ! fit Pierre ; il est mort depuis deux ans !

— Ah ! mon Dieu !... Et ma sœur ?

— Ma mère? Elle est morte aussi, il y a dix-huit mois. Ils sont décédés tous deux à l'hôpital.

— Hélas! Jésus! et tu ne me l'as pas écrit!

— Parce que j'ai craint de vous faire de la peine, répondit ce mauvais garnement.

Et moi, de pleurer cette bonne tante!

— Enfin, dit papa, conduis-moi chez ta sœur Caroline; je veux voir mes nièces.

— Ma sœur Caroline n'est pas digne de votre visite : elle s'est mal comportée, et se trouve dans une maison où les honnêtes gens ne pénètrent pas.

— Et ta sœur Julie?

— Elle était servante dans une gargote, quand un matin on l'y a trouvée absente. Un régiment en garnison ici, étant parti dans la nuit, elle a dû suivre quelque militaire que j'ai quelquefois surpris auprès d'elle. Je ne l'ai plus revue depuis lors : il y a à peu près un an de cela.

— Hélas! hélas! mon Dieu! nous sommes-nous écrié en pleurant. — Et ton frère Paul? dit papa.

— Mon frère Paul? Je ne sais pas plus que vous où il est. Il y a quelque temps qu'il fut inquiété par la justice, dans une question de vol. (Que voulez-vous? le pain est si cher et l'ouvrage va si mal, que les ouvriers sans travail sont tous suspects à la police.)

— Quoi ! s'écria mon père, un voleur dans notre famille ! quelle horreur !

— Non, non ; rassurez-vous, dit Pierre ; il a été reconnu ou cru innocent et relâché. Mais cette affaire lui a fait si mauvaise réputation, que depuis lors il n'a plus trouvé d'ouvrage et il a disparu. Quelques personnes croient l'avoir reconnu parmi les cadavres exposés à la morgue. Qu'y faire ? ce sont là les petites misères de la classe ouvrière dans les villes.

— Comment ! dit papa, vous appelez cela de petites misères ! L'enfer a-t-il rien de plus horrible ? Nous voilà en deuil et déshonorés ! Et nous nous mîmes tous les deux à pleurer.

— Et pourquoi y restez-vous, dans ces villes, puisque les pauvres y sont si malheureux ? ajouta mon père en s'essuyant le visage inondé de larmes.

— Moi, j'y reste, dit l'un des ouvriers, parce que j'aurais honte de reparaître à mon village plus pauvre que je n'en suis sorti.

— Vraiment ! répondit papa ; depuis quand est-ce honteux de s'être trompé et de paraître pauvre ? C'est une lâcheté, cela.

— Moi, dit un autre, j'aurais trop de peine à voir, dans mon pays natal, la maison paternelle et les biens que j'ai dissipés depuis que je suis ici.

— Eh bien! alors vous n'avez qu'à choisir une autre localité.

— Moi, dit un troisième, je craindrais trop de rencontrer dans ma paroisse la tombe de mes père et mère que ma désertion du pays a fait mourir de chagrin : il me semblerait toujours y entendre leurs reproches.

— Mon ami, lui répondit papa, la religion est-elle donc sans consolation, sans remède, pour dissiper ou atténuer les respectables peines que vous éprouvez? Allez à Dieu : c'est le meilleur moyen de réjouir dans la tombe vos parents si regrettés.

— Moi, dit un autre, j'ai horreur du nom de paysan, qu'il me faudrait encore reprendre.

— Pauvre garçon, lui dit mon père, vous me faites pitié en parlant ainsi; permettez-moi de vous dire qu'il y a dans votre motif de la bêtise et de la petitesse de cœur. Sachez donc que le paysan n'existe plus aujourd'hui ; que l'instruction, qui se répand et pénètre partout, nivelle toutes les conditions et toutes les intelligences. Vous craignez de vous déshonorer en labourant votre champ ! L'empereur de la Chine, qui commande à 350 millions de sujets civilisés, ne craint pas, lui, de se déshonorer en prenant de temps à autre la charrue, comme un valet de ferme, pour encourager l'agriculture dans son pays.

— Moi, dit un autre, si je ne retourne pas à la campagne, c'est parce que je crains de ne pouvoir m'habituer de nouveau aux travaux des champs.

— Erreur! mon ami : ce serait là l'affaire de quelques jours, lui dit papa.

— Quant à moi, fit un autre, ce qui s'opposerait à mon retour à la vie champêtre, c'est mon attachement à ma profession, qu'il me faudrait alors abandonner.

— Quelle profession?

— Celle de menuisier.

— Mais, jeune homme, dit mon père, c'est précisément ce qui nous manque dans bien des communes. Il nous faut, à la campagne, des menuisiers comme des maréchaux, des cordonniers, des charrons, des tailleurs, des tisseurs, etc., etc., vous le savez bien.

Tous avaient dit leurs motifs, excepté Pierre et deux autres qui persistaient à garder le silence.

— Et toi, Pierre, dis-moi ce qui te retient dans cette galère ?

— Votre neveu Pierre, répondit l'un des trois bourrus, est, sous ce rapport, comme moi et l'autre camarade : si nous refusons de retourner aux champs, c'est parce que nous ne pourrions pas y vivre dans la *gouape* et la crapule comme ici. Nous

nous asphyxions, nous nous éteignons souffreteusement dans la fange du vice, mais nous vous avouons que nous ne saurions en sortir : notre perversion est consommée.

— Tu as entendu ces horreurs déclarées en ton nom, Pierre? Qu'en dis-tu? Est-ce vrai? Ah! malheureux! tu ne réponds rien! Tu as cessé d'être un homme pour devenir un être dégradé et sans nom! Je n'ai plus de neveu ici, plus de parents!

Pierre pleura, je crois, mais ne répondit rien.

— Mes amis, dit alors papa à toute la compagnie, vous souffrez tous plus ou moins ici, je le vois; n'y restez pas, ne vous laissez pas tomber dans cet abîme de dégradations dont vous venez d'entendre le langage et l'aveu si franchement cynique. Si vous tenez encore à la vie, au respect de votre nature humaine et au bonheur, revenez à la vie des champs. Vous y retrouverez ce que vous y avez laissé : le *bien-être,* la *sécurité* et la *paix.* Vous pourrez peut-être encore vous y jeter dans les bras de vos vieux parents qui n'ont pas cessé de vous aimer et de gémir sur votre séparation; vous pourrez les consoler s'ils sont vivants, ou aller pleurer de douces larmes sur leur tombe s'ils sont morts. Vous y jouirez du plaisir de retrouver les objets et les lieux témoins de votre enfance. Les arbres, les maisons, les champs et les vallons sont pleins de voix douces et de paroles mystérieuses qui vous entretiendront des choses d'autrefois.

Vous pourrez vous agenouiller et prier dans la même église, devant le même autel où la voix d'un homme de Dieu a formé votre enfance, réchauffé votre cœur et éclairé votre esprit sur les réalités éternelles. Vous pourrez y vivre dans l'aisance, au sein de vos anciens compagnons de jeunesse, mourir de la mort des justes et être inhumés à côté de vos ancêtres dont la cendre vous attend.

N'alléguez plus des motifs de refus tels que ceux que vous venez d'exprimer : ce ne sont que des prétextes, des enfantillages que je foule aux pieds comme on foule tout ce qui ne vaut rien. Adieu! je vous quitte en vous assurant que je vous aime et que je prierai Dieu pour qu'il vous aide à sortir de cette désolante situation.

Quand papa eut fini de dire ces paroles, presque tous vinrent lui serrer la main avec des larmes sous la paupière.

— Indiquez-moi, s'il vous plaît, leur dit-il; la demeure d'un jeune ouvrier dont voici le nom et l'adresse : *Gabriel Pageot, dit la Picardie, rue Tournemine, n° 16.*

— Je connais cette rue, dit l'un de ces hommes.

— Et moi, je connais Pageot : c'est un de mes amis, dit un autre ; je vous y conduirai.

— Eh bien ! voilà deux francs, dit papa, pour celui qui voudra m'accompagner en portant cette malle.

— Mon oncle, dit alors Pierre en sortant de sa torpeur et en essuyant des larmes, je ne laisserai à personne l'honneur de porter vos effets.

— Bon ! pensa mon père en lui-même, tout l'homme n'est pas encore éteint chez cet être ; il y a encore une âme là-dedans.

Le cousin remit pour une seconde fois la malle sur son épaule et nous le suivîmes, après avoir dit adieu à ces pauvres gens dont quelques-uns voulurent nous accompagner jusqu'à la rue Tournemine.

XVI

Les deux nouveaux réfugiés.

Arrivés au n° 16, sur l'indication du concierge, nous avons grimpé un escalier qui nous a conduits, non sans peine, jusqu'au cinquième étage. Nous avons heurté à la petite porte de gauche du pallier : un jeune ouvrier d'environ vingt-quatre ans nous a ouvert en nous saluant avec courtoisie. C'était bien lui, Gabriel Pageot, homme à la physionomie intelligente, aux manières modestes et distinguées, tel que vous me l'aviez dépeint.

Sa chambre est une mansarde grande comme une tabatière, remplie par le lit, une chaise et une table placée devant une petite bibliothèque garnie de quelques livres bien rangés.

Au nom de Lambert Giraudet dont papa s'est annoncé le voisin et l'ami, ce jeune homme a éclaté de joie et nous a serré les mains bien fort. Nous sommes sortis immédiatement et avons été conduits dans un restaurant où l'on nous a servi à dîner.

Que de questions, et surtout que d'expansion pendant tout le repas, mon bon Lambert! On n'a parlé que de toi, à ce que je crois! Après la réfection, il a tiré de sa poche un rouleau de papier bien soigné, dont il nous a lu beaucoup de pages avec bonheur: c'était tes lettres, ces bonnes lettres pleines de vérités et de bons conseils.

— Ces conseils sont si bons, disait Gabriel, que je m'en vais les suivre, en me rendant auprès de cet ami, à Leschaux, autant pour obéir à la nécessité que pour obéir à mon cœur. Je viens d'éprouver une maladie grave qui m'a tenu trois semaines à l'hôpital; on m'en a fait sortir à l'état de convalescence qui me rend plus malheureux que la maladie elle-même; car dans l'impuissance où je suis de travailler, elle me jette dans la rue, sans ressource, sans pain et sans logis.

J'ai connu François Moireau, votre malheureux beau-frère, le père de votre neveu que voilà. Ce fut aussi le défaut de ressource dans la convalescence qui le fit périr.

— Hélas! oui, dit Pierre en gémissant. — Ce n'est pas l'entrée à l'hôpital qui est à redouter pour l'ouvrier, continua Gabriel, car on y meurt ou l'on y guérit; mais c'est la sortie qui pour lui est craindre : ici il n'y a pas de pain pour les convalescents pauvres.

— Et ma sœur, l'avez-vous connue ? demanda papa.

— Oui, certainement, et ses deux filles aussi.

— Ah ! monsieur, ne me parlez pas de mes deux nièces, s'il vous plaît.

— Monsieur, répondit Gabriel, permettez-moi d'en parler un peu, car malgré leur égarement, que je déplore comme vous, il y a beaucoup de bien à dire de ces deux personnes. Pendant la longue maladie de leur mère, qui gémissait dans un taudis humide et obscur, ses deux filles ont été pour elle deux anges de dévouement. Elles se livraient nuit et jour à leurs travaux qu'elles n'interrompaient que pour veiller à son chevet, heurter sans découragement à toutes les portes et y implorer des secours en faveur de leur pauvre malade. Mais, hélas ! partout elles rencontraient des cœurs pétrifiés et des lèvres ironiques !

Leur mère, malgré tous ces efforts, continuait à s'affaiblir et à dépérir par suite de dénûment et de privations. La position était désespérante : rien pour secourir cette malade chérie ! Un soir, pourtant, les deux jeunes personnes rentrèrent au logis avec de l'argent dans les mains et un médecin qui, cette fois, avait consenti à les accompagner. Dès lors, les secours abondèrent pendant quelque temps. Cet argent, ces secours, où les trouvaient-elles, quelle en était la source? Je ne le sais pas; on ne l'a jamais su. Mais qui oserait soutenir que le désespoir de la situation n'a pas contribué pour beaucoup à la perversion de ces jeunes filles? Là-dessus, monsieur, je vous laisse à décider.

— Eh bien! je décide, répondit papa. Je dis d'abord que le désespoir n'est pas chrétien : qu'il n'a point de place dans l'âme qui croit à la Providence. D'où je conclus que mes nièces devaient mourir et laisser mourir plutôt que de sortir de la ligne du devoir. C'est ainsi qu'on ferait au village, si jamais on y était assez méchant pour abandonner les malades et vouloir faire passer le dévouement filial par la porte de l'infamie. A mes yeux, la fin ne justifie pas les moyens; on ne saurait aller au bien par la voie du mal.

Papa était fort animé en disant cela, car il ne badine pas sur la question des mœurs. Nous l'approuvâmes tous, excepté le cousin Pierre, qui garda son silence stupide comme à l'ordinaire.

Après un instant de silence, papa paya le frugal repas, et tout en nous dirigeant vers l'hôtel où nous devions nous abriter la nuit, nous décidâmes que le lendemain matin nous repartirions de la ville, emmenant avec nous nos deux malheureux citadins, Pierre à Uberville et Gabriel à Leschaux.

— Hé quoi ! vous l'avez amené ? s'écria Lambert.

— Certainement ! dit Louise.

— Et où est-il ?

— Votre ami ? Il est à Uberville : s'il ne m'a pas accompagnée, ce n'est pas sa faute. Il serait ici, devant nous, dans vos bras, si papa, qui s'est aperçu de son état de fatigue et de malaise, n'avait pas insisté pour qu'il se reposât aujourd'hui sous notre toit. Vous l'aurez demain.

Mais à l'instant même on entend un roulement sourd et lointain qui semble grossir et se rapprocher. « C'est celui d'une charrette, » se dit-on après avoir fait silence et prêté l'oreille. Quelques secondes après, cette charrette, dirigée par le père Berthier, fait avec fracas son apparition dans la cour. On ouvre aussitôt la croisée pour voir quelle est cette visite. « C'est lui ! ce sont eux, » s'écrie alors Louise, « c'est Pierre et Gabriel que papa nous amène. » On hésite à le croire, tant la misère, les maladies et le temps les ont rendus méconnaissables à première vue.

Cependant aux cris répétés : « C'est lui, ce sont eux, » la famille Giraudet, tout en émoi, se précipite dans la cour et fait cercle autour de la charrette en tendant les mains vers nos voyageurs qui sautent à terre. Gabriel est dans les bras de tout le monde et tout le monde aussi vient tendre la main au pauvre Pierre qui ne s'était jamais vu si choyé.

Le cheval dételé et la charrette remisée, on se rend dans la salle à manger où, assis autour de la grande table, on se trouve en présence de rafraîchissements servis depuis l'arrivée de Louise, mais auxquels, à l'exception de Pierre, personne ne touche faute de loisir : on a tant de choses à se dire !

— Quel bonheur ! disaient les uns ; quelle chance ! disaient les autres. Grâce à Dieu, répétait maman Giraudet, en voilà encore deux de moins aux griffes de la misère. — Oui, lui répondait son mari, mais cette conquête est l'œuvre de l'ami Berthier ; nous lui devons des lauriers pour être allé, en plein camp ennemi, nous faire ces deux prisonniers de guerre. — Pas de flatterie, Giraudet, reprit Berthier : je n'accepte pas cet honneur, ce serait une usurpation. Il est dû à Lambert dont les lettres pressantes avaient déjà, depuis longtemps, décidé Gabriel à venir s'embaucher dans l'éternel atelier de l'abondance. Quant à Pierre, il me devra quelque chose, celui-là ; car je l'ai bien réellement enlevé à l'ennemi ou plutôt à l'enfer. Je ne désespère pas d'en refaire un homme, et même un citoyen d'Uberville.

— Avec la grâce de Dieu, dit Théophile.

—Eh! oui, mon petit ami, cela se suppose toujours.

Pendant que l'on causait, riait, s'éjouissait ainsi, il arriva qu'un délicieux parfum de cuisine pénétra dans la salle et vint confier au nez de chacun le soin d'avertir l'estomac de se préparer au travail d'une nouvelle digestion. A ce parfum précurseur succéda un vaste potage flanqué de haricots verts et de choux soigneusement lardés; puis apparut le bouilli, puis le gigot, puis la salade, puis certaine pâtisserie énorme, d'autant meilleure qu'elle est inconnue à la ville; puis enfin divers extras en bouteilles réservées dans de petits coins pour les grandes occasions.

Quoique arrosé par le seul crû de Leschaux, le repas fut des plus joyeux; chacun s'y montra pétillant de tout le bonheur qu'il ressentait et de tout l'esprit qu'il avait : ceux qui n'en avaient pas en inventaient. — Allons! mes amis, restaurez-vous; ne vous gênez pas, répétait papa Giraudet; n'oubliez pas que Dieu nous accorde le privilége de nous faire tout d'abord notre part dans les produits alimentaires, et que la table du citadin ne doit se couvrir que des restes de la nôtre.

Pendant le repas, Lambert exprima le regret de n'avoir pas été prévenu assez tôt pour faire arriver sur la table un lièvre à l'état de civet.

Mais il fit à ce sujet des promesses pour le lendemain qui furent probablement tenues. Vers la fin
du repas, la liberté s'élargit et la joie prit alors la
forme du refrain, qui éclata sur toutes les notes et
sur tous les rhythmes. Entre autres chansons familières aux échos de Leschaux, on fit entendre celle
qui a pour titre :

LE PAYSAN.

1.

Le soleil chauffe mon coteau
Que couvre une moisson féconde ;
Les rayons du divin flambeau
Me donnent richesse en ce monde.
Douce rosée, à mes sillons
Apporte une abondante séve ;
Qu'elle monte où l'épi s'achève
Sous les ailes des papillons.

Le ciel me verse l'abondance,
Gras bestiaux, fourrage et bon grain,
Et ma gaîté, toujours sans frein,
Centuple mon indépendance
Dans les échos de mon refrain.

2.

L'épi mûr est un magasin
Que Dieu remplit, tant il nous aime ;
Il met du grain pour l'orphelin,
Pour le pauvre et le méchant même.

Oiseaux, il en a mis pour vous ;
Accourez chanter sur nos têtes ;
Chantez vos amours et nos fêtes :
Le Seigneur veille sur nous tous.

Le ciel me verse l'abondance ,
Gras bestiaux , fourrage et bon grain,
Et ma gaîté, toujours sans frein,
Centuple mon indépendance
Daus les échos de mon refrain.

3.

Ces beaux champs verts, j'en suis le roi.
Quel florissant, quel riche empire !
J'y suis puissant, et contre moi
Mon peuple jamais ne conspire.
Bon territoire, heureux troupeaux,
Vous êtes ma Californie ,
Et je vois mon grenier qui plie
Sous le poids de mes capitaux.

Le ciel me verse l'abondance ,
Gras bestiaux , fourrage et bon grain,
Et ma gaîté, toujours sans frein ,
Centuple mon indépendance
Dans les échos de mon refrain.

4.

Je ne relève que de Dieu ;
Tout monarque est mon tributaire ;
C'est moi qui dispense en tout lieu
Les biens destinés à la terre.

5.

Banquiers joufflus, vous avez faim ;
Gorgés d'or, la mort vous menace ;
Courbez-vous, tendez la besace,
Que j'y mette un morceau de pain.

Le ciel me verse l'abondance,
Gras bestiaux, fourrage et bon grain,
Et ma gaîté, toujours sans frein,
Centuple mon indépendance
Dans les échos de mon refrain.

5.

Et vous, travailleurs citadins,
Abandonnez vos murs stériles ;
Dispersez vos nombreux essaims
Sur le sol de nos champs fertiles.
Venez sous tous les horizons,
Embellir, féconder nos plaines ;
Venez prendre part à nos peines,
Pour avoir part à nos moissons.

Le ciel me verse l'abondance,
Gras bestiaux, fourrage et bon grain,
Et ma gaîté, toujours sans frein,
Centuple mon indépendance
Dans les échos de mon refrain.

Pendant l'entrain de ce dernier chant, on entendit tout à coup une voix étrangère et sonore éclater à l'unisson dans la cuisine et se rapprocher par le corridor qui conduit à la salle. On n'en continua pas moins jusqu'à la fin ce cinquième couplet, sans s'inquiéter de qui pouvait être ce timbre si sympathique. Le couplet fini, on se retourna, on leva les yeux; que vit-on? que vit Gabriel? Il vit un bel homme, au teint vermeil, aux traits jovials et épanouis, inconnu de notre seul citadin. Vous devinez sans doute que c'était M. Dubos. Instruit de l'événement par quelque langue indiscrète, il était accouru sur sa monture, escorté de plusieurs bouteilles de vin de Bordeaux.

Ce fut, pour cet homme de bien, le moment d'un grand bonheur que celui où il put de ses deux mains serrer celles de nos nouveaux réfugiés. Il s'empressa de vider le contenu de ses bouteilles que chacun s'empressa de savourer. On but à toutes les santés, à tous les bonheurs, à toutes les prospérités agricoles et viticoles. Enfin notre magistrat philanthrope porta, à la future suppression des villes, un toast que tous les convives applaudirent avec un enthousiasme effréné.

Assis entre Lambert et Gabriel, il entretint avec eux une conversation qui se prolongea bien avant dans la nuit et qui était, dit-on, fort intéressante, car ces deux jeunes gens, ainsi que Berthier, étaient, par l'intelligence et l'instruction, de beaucoup supérieurs à leur entourage.

Enfin le poids du sommeil finit peu à peu par

courber toutes les têtes. M. Dubos, qui s'en aperçut, consulta sa montre et apprit avec étonnement qu'il était près d'une heure du matin. La pendule de la salle avait eu beau sonner, personne ne l'avait entendue, — tant le plaisir nous rend sourds aux avertissements du temps. — Sur ce, notre agronome leur souhaita bon jour et bon sommeil, remonta à cheval et disparut.

Après s'être un instant recueilli devant Dieu, on alla se reposer pour continuer, le lendemain, les travaux ordinaires des champs, travaux auxquels chacun promit avec joie d'initier les nouveaux venus. Ils firent de tels progrès, l'un à Leschaux et l'autre à Uberville, qu'au bout de quelque temps on n'eut plus rien à leur apprendre.

A présent, cher lecteur ou chère lectrice, si vous passez par là et désirez faire plus ample connaissance avec nos amis, allez à Leschaux et présentez-vous-y de ma part : vous y serez bien accueilli par tous les habitants de la ferme et même par l'invincible Cornet, qui ne manquera pas de vous faire tout d'abord admirer la blancheur de ses dents. Mais n'en ayez pas peur ; il en a rarement fait usage aux dépens des visiteurs. Son rôle consiste simplement à faire un tapage inoffensif suivi de caresses qu'il met au nombre des devoirs attachés à ses fonctions.

Vous trouverez là Gabriel, toujours poli, toujours gracieux, devenu l'heureux et robuste époux de Nicolette, la ménagère intrépide ; vous y verrez aussi la bonne Louise, toujours rieuse, toujours expansive et pétulante, devenue la femme bien aimée de Lambert.

Nicolette vous présentera son petit garçon et Louise sa petite fille, deux enfants si beaux, si propres, si gentils que vous serez bien aise de leur appliquer deux gros baisers qui feront grand plaisirs à leurs mamans. Mais si vous voulez leur être encore plus agréable, demandez à ces petits anges de vous réciter leurs prières. Vous verrez avec quelle modestie et quelle grâce ils joindront leurs petites mains et rediront sans hésitation, sans embarras et sans précipitation : « Seigneur, daignez nous préserver à jamais du malheur d'abandonner l'heureuse et paisible vie des champs, pour aller nous exposer à périr de misère sur l'affreux pavé des grandes villes. Ainsi soit-il. »

Lisette et Marianne, devenues grandes, ont cessé de fréquenter l'école. Théophile seul continue encore d'y remporter tous les prix de sa classe.

FIN.

ERRATA.

Page 20, ligne 7 : tous rôtis , *lisez :* tout rôtis.
Page 28, ligne 10 : dandies , *lisez :* dandys.
Même page , ligne 25 : le bois, *lisez :* les arbres.
Page 135, ligne 17 : vour, *lisez :* vous.

TABLE DES MATIÈRES.